충성 그 이후의 시간

충성 그 이후의 시간

발행일	2025년 9월 26일
지은이	황연태
펴낸이	손형국
펴낸곳	(주)북랩
출판등록	2004. 12. 1(제2012-000051호)
주소	서울특별시 금천구 가산디지털 1로 168, 우림라이온스밸리 B동 B111호, B113~115호
홈페이지	www.book.co.kr
전화번호	(02)2026-5777 팩스 (02)3159-9637
ISBN	979-11-7224-868-0 03810(종이책) 979-11-7224-869-7 05810(전자책)

잘못된 책은 구입한 곳에서 교환해드립니다.
이 책은 저작권법에 따라 보호받는 저작물이므로 무단 전재와 복제를 금합니다.
이 책은 (주)북랩이 보유한 리코 장비로 인쇄되었습니다.

작가 연락처 문의 ▶ ask.book.co.kr
전용 게시판에 문의를 남기시면 저자에게 직접 전달됩니다.

(주)북랩 성공출판의 파트너

북랩 홈페이지와 SNS에서 다양한 출판 솔루션을 만나 보세요!

홈페이지 book.co.kr   • 블로그 blog.naver.com/essaybook   • 출판문의 text@book.co.kr
카톡채널 북랩

충성
그 이후의 시간

황연태 지음

북랩

프롤로그

왜 나는 이 이야기를 써야 했는가

 이 이야기를 꺼내기까지 꽤 오랜 시간이 걸렸다. 그냥 군대에서 오래 근무하다 전역한 사람으로, 그저 직업을 옮긴 누군가로 남아도 괜찮았다. 삶은 다 그렇게들 살아가는 거라고, 특별할 것도 없다고 생각하며 애써 묻어 두고 살아왔다. 하지만 어느 날 문득 마음 한구석이 묵직하게 울렸다. 내가 지나온 길, 내가 겪어 낸 시간들이 단지 나 혼자만의 것이 아니라 지금 이 순간에도 비슷한 상황에서 숨죽이며 버티고 있는 누군가의 이야기일 수 있다는 생각이 들었다. 그래서 쓰기로 했다. 내 이야기를.

 삶의 무게를 처음 느낀 건 아주 어린 시절이었다. 수학여행비 2만 원이 없어 아픈 척을 해야 했던 국민학생 시절 나는 일찍이 가족의 형편을 알아야 했고, 그 사실을 알면서도 아무렇지 않은 척, 자연스러운 척 표정을 조절해야 했다.
 그 시절의 나는 단순히 가난한 아이가 아니었다. 책임을 너무 일찍 배워 버린 아이. 장남이라는 이름 아래 집안의 기대와 현실 사이에서 늘 '감당'하는 법부터 익혀야 했다. 내가 이 이야기를 쓰기로 결심한 건 단지 과거를 회고하고 싶어서가 아니다. 살아온 경로를 말하고 싶었기 때문이 아니라 그 길을 지나온 사람의 마음을 전하고 싶었기 때문이다.

나는 소령으로 전역했다. 한때는 그 말이 자랑스러웠고, 또 한때는 그 말이 전부인 줄 알았다. 그러나 군복을 벗고 나서야 깨달았다. 계급은 역할의 이름일 뿐 삶의 이름은 아니었다는 것을. 군 생활 22년. 그 안에서 나는 수없이 많은 명령을 내리고 책임을 졌으며 누군가의 아버지, 남편, 아들이라는 이름보다 장교, 중대장, 작전장교라는 이름에 더 익숙했다. 가족은 늘 뒷전이었고 내 삶은 늘 대기 상태였다.

'나라를 위해 살아오느라 가족을 등졌다면, 과연 무엇을 지킨 것인가?'

전역 후 스스로에게 처음 던진 질문이었다. 군복을 벗고 맞이한 현실은 생각보다 훨씬 냉정하고 복잡했다. 사회는 계급을 묻지 않았고 경력을 체계적으로 환영해 주지도 않았다. 책임을 다해 살아온 사람조차 '쓸모'라는 기준 앞에 스스로를 의심해야 하는 상황이 반복됐다.

그 과정에서 나는 혼란스러웠고 정체성의 붕괴를 느꼈다. '나는 누구인가?' 그 질문 앞에 서서 내가 군인으로 살아온 22년의 시간을 되짚어 보지 않을 수 없었다. 그리고 그 시간은 단지 하나의 직업적 경험이 아니라 내 삶을 지탱해 준 철학과 태도라는 걸 알게 되었다.

"삶은 정해진 직업이 아니라 그 직업을 대하는 태도가 말해 주는 것이다."

나는 이 책이 누군가에게 이정표가 되기를 바란다. 길을 몰라 방황하는 사람에게 "당신만 그런 게 아니다"라고 말해 주는 작은 위로가 되길 바란다. 누군가 이 글을 읽으며 '나도 다시 시작할 수 있겠구나.' 하는 용기를 얻는다면 그것만으로도 이 기록은 충분히 가치 있다고 믿는다.

나는 여전히 군인 정신을 가슴에 품고 살아간다. 다만 그 정신을 이제는 전우 대신 가족과 동료와 후배들을 위해 쓰고 싶다. 실패가 아닌 전환의 시기, 그 의미를 붙잡고 나아갈 수 있도록 나의 시행착오를 솔직히 담았다. 그 속에서 당신이 자신의 가능성을 새롭게 정의하고 다시 삶의 중심으로 걸어갈 수 있기를 바란다.

"혼자라 느낄 때, 누군가 먼저 걸어간 길을 안다는 것만으로 사람은 다시 일어설 수 있다."

『충성 이후의 시간』은 나의 지난 시간을 마무리하는 글이자 이제부터의 시간을 설계하는 시작점이다. 이 책이 단지 한 사람의 이야기를 넘어 수많은 전역자들의 언어가 되고, 다음 세대의 발판이 되기를 바란다.

그리고 지금 이 글을 읽는 당신이 내가 걸어온 길 위에서 조금은 덜 외롭고, 조금은 더 단단히 자신의 인생 2막을 설계해 가길 진심으로 바란다.

차례

프롤로그　왜 나는 이 이야기를 써야 했는가　　　　　　　04

1장　흙먼지 속에서 자란 책임감

1. 장남으로 태어난 삶의 무게　　　　　　　　　　15
2. 수학여행비 2만 원　　　　　　　　　　　　　19
3. 공부가 밥 먹여 주지 않는다　　　　　　　　　23
4. 자취 생활　　　　　　　　　　　　　　　　　28
5. 굴복하지 않은 마음　　　　　　　　　　　　　32
6. 돈보다 더 간절했던 기회　　　　　　　　　　36
7. 등록금 93만 원　　　　　　　　　　　　　　39
8. 젊음과 노동, 그 교차점　　　　　　　　　　　43

2장 군복을 입은 이유

1. 장교 지원서 한 장 … 49
2. 군인이 직업이야? … 53
3. 장교라는 직업 … 57
4. 입대 전 아빠가 되다 … 61
5. 책임감과 두려움 사이 … 65
6. 사랑은 불장난 … 68
7. 두 개의 전선 … 71
8. 군인의 삶 … 74

3장 군대는 내 사명이었다

1. 솔선수범 … 79
2. 상관의 믿음, 부하의 신뢰 … 82
3. 가족보다 우선이었던 부대 … 85
4. 사소한 업무도 목숨처럼 … 88
5. 부대는 나의 전부 … 92
6. 인정의 무게 … 95
7. 남들보다 더, 항상 더 … 99
8. 천직이란 믿음 … 104

4장 꿈꿔 본 적 없는 전역

1. 진급 누락, 날벼락   111
2. 왜 나인가?   114
3. 전역 통보 이후의 막막함   118
4. 군 생활 22년   122
5. 나에게 군복은   126
6. 가족에게 느꼈던 미안함   130
7. 진짜 나를 묻기 시작한 순간   134
8. 정체성의 흔들림   138

5장 사회라는 전장

1. 냉정한 사회   145
2. 스펙과 무관한 시장   149
3. 전역 전후 골든 타임   153
4. 3년간의 재학습, 재적응   157
5. 시행착오를 줄이기 위한 몸부림   161
6. 가치의 재정의   165
7. 살아남는 법, 살아가는 법   169
8. 다시 나를 세우다   173

6장　2막을 여는 사람들

1. 2차 베이비부머, 그들 이야기　179
2. 훈련받은 리더　182
3. 사회의 준비　186
4. 좌절과 재도약의 경계　189
5. 경험을 방식으로　192
6. 멘토의 필요성　196
7. 꾸준한 배움　199
8. 함께 길을 만드는 사람들　203

7장　군복을 벗었지만 사명은 계속된다

1. 이어지는 사명　209
2. 군인의 철학　212
3. 실전에서 얻은 리더십　216
4. 책을 쓰는 이유　219
5. 기업과 사회를 잇는 다리　223
6. AI 시대, 군 경력의 변환　227
7. 나는 소령이었다　231
8. 끝나지 않은 책임, 계속되는 길　235

에필로그　이제는 길을 만드는 사람이 되고 싶다　238

흙먼지 속에서 자란 책임감

가난했지만 외면하지 못했던 가족과 삶

장남으로 태어난 삶의 무게

사람은 태어날 때 자신의 역할을 선택할 수 없다. 나는 여섯 남매 중 셋째, 그중에서도 장남으로 태어났다. 그런 걸 누군가는 팔자라 하고 누군가는 운명이라 한다. 나에게는 그냥 '짐'이었다. 말없이 지워진, 내려놓을 수 없는 무게였다.

아무도 나에게 "형처럼 살아라." 하고 가르친 적은 없다. 그런데 이상하게도 나는 언제나 먼저 나서야 했다. 먼저 양보해야 했고 먼저 참아야 했다. 당연한 듯한 눈빛들 사이에서 '형'이라는 글자는 말없이 나를 밀어냈다. 웃음보다 참는 법을 먼저 배웠다. 하고 싶은 말보다는 해야 할 일들이 먼저였다.

시골 농가인 우리 집은 늘 빠듯했다. 그 속에서 장남의 몫은 너무도 분명했다. 들판에서 아버지를 따라 일손을 토태고 어머니가 놓친 집안일을 메꾸는 건 자연스럽게 내 일이었다. 누나도 있었지만 동생들은 작고 여리다는 이유로 늘 보호받았다. 반면 나는 장남이니까 당연히 견뎌야 했다. 배가 고파도, 몸이 아파도, 하고 싶은 게 있어도 '장남'이라는 이유 하나로 참아야 했다.

"형이니까 이해해라."
"형이니까 참아야지."

이 말은 내 어린 시절의 배경 음악처럼 따라다녔다. 그럴수록 말이 줄었고 속은 더 무거워졌다. 억울하단 생각이 들 때도 많았지만 어디에 하소연할 수도 없었다. 나도 누군가에게 기대고 싶었지만 항상 내가 집안의 기둥이 되어야 했다.
어머니는 종종 이렇게 말씀하셨다.

"장남은 집안의 기둥이다."

그 말이 정확히 무슨 뜻인지 몰랐지만 나는 그냥 그렇게 믿었다. 기둥은 무너져선 안 된다고. 집이 흔들려도 나는 버텨야 한다고. 친구들이 운동장에서 공을 차며 뛰놀던 시간이면 나는 집안의 가축을 신경 써야 했다. 동생들 숙제를 챙기고, 저녁 준비를 거들고, 밤이 돼서야 내 책을 펼 수 있었다. 그 시절 내 웃음은 조심스러웠고, 철없는 말 한마디도 쉽게 입 밖으로 꺼낼 수 없었다.
가난은 핑계가 되지 않았다. 오히려 더 많이 움직이고, 더 오래 견뎌야 했다. 나보다 어린 동생들이 걱정 없이 지낼 수 있도록. 누구보다 먼저 일어나고 모두가 잠든 뒤에야 잠드는 삶. 심지어 감기 몸살로 몸이 휘청일 때도 어머니는 이렇게 말했다.

"형이 아프면 누가 일을 하니."

그 말 한마디에 다시 일어섰다. 이불 속은 포근했지만 내게는 허락되지 않는 사치였다. 그렇게 나는 '책임'을 배웠다. 누군가 가르쳐 준 것도 아니었고 선택한 것도 아니었지만 피할 수 없었기에 더 깊이 새겨졌다.
그 시절 동네 어르신이 내게 조용히 말했다.

"참된 책임은, 시키지 않아도 스스로 감당하는 거야."

그 말이 마음에 남았다. 억지로 짊어진 무게가 아니라 내가 선택한 무게로 바뀌는 순간이었다. 형이라서 억지로 사는 게 아니라 형이기에 내가 선택한 책임이라는 걸 처음으로 깨달았다.
세월이 흐르고 장남의 짐은 더 커졌다. 동생들의 학비, 생활비, 부모님의 병원비. 걱정거리는 줄어들지 않았다. 하지만 이상하게도 그 무게를 견디면서 나는 강해졌다. 어린 시절엔 서러웠던 일들이 나를 단련시켰다. 남들보다 빨리 철이 들었고, 삶을 가볍게 보지 않게 됐다. 장남이라는 이유 하나로 앞장섰던 시간이 내 삶의 근육이 되었다.
군에 가서도, 사회에 나와서도 나는 물러서지 않았다. 언제나 먼저 책임지는 사람이 되었고, 어려움 앞에서도 뒤로 숨지 않았다. 책임은 결국 나를 더 큰 사람으로 만드는 일이라는 걸 나는 그제야 알았다.

지금도 가끔 생각한다.

'다시 태어난다면, 또 장남으로 살 수 있을까?'

대답은 간단하다.

"그래도, 다시 장남으로 태어나겠다."

왜냐하면 그 무게를 견딘 내가 지금 여기 있기 때문이다. 나는 버텼고, 그만큼 강해졌다. 책임은 나를 깎아내리지 않았다. 오히려 단단하게 다듬었다.

"인생의 진짜 무게는, 우리가 피할 수 없는 것들이 아니라, 우리가 선택한 책임에 있다."

장남으로 태어난 것은 내 선택이 아니었지만 그 책임을 끝까지 감당하며 살아온 건 분명 내 선택이었다. 그리고 그 선택이 내 인생을 만들었다.

❷
수학여행비 2만 원

아이들은 누구나 수학여행을 기다린다. 책에서만 보던 곳을 실제로 보고, 친구들과 함께 버스를 타고, 집이 아닌 곳에서 잠드는 그 특별한 하루. 그건 단순한 '여행'이 아니라 '추억'이고 '자라남'이었다. 나에게도 그런 시간이 있었다. 국민학교 6학년, 열세 살. 반 전체가 수학여행 이야기로 들떠 있을 때 나는 그 대화에 끼지 못했다.

친구들은 새로 산 옷을 자랑했고, 어떤 간식을 챙겨 갈지 고민했다. 여행지에서 무엇을 살지, 어느 조가 제일 재미있을지로 시끌벅적했다. 그런데 내 마음 한구석에는 커다란 돌덩이가 놓여 있었다. 수학여행비 2만 원. 지금 보면 작게 느껴질지 몰라도 당시 우리 집 형편에서는 도저히 쉽게 이야기 꺼낼 수 없는 금액이었다.

나는 이미 알고 있었다. 그 돈에 관해 부모님께 말씀드리는 건 단지 내 소원을 이야기하는 게 아니라 가족 전체에게 짐을 지우는 일이라는 걸. 말 한마디가 가슴에 상처를 남길 수도 있다는 걸.

아버지는 아침부터 해 질 때까지 밭에서 일했고, 어머니는 쉴

틈 없이 아이들을 챙기고 반찬을 만들었다. 학교에서 돌아온 나를 반겨 주는 건 항상 구수한 된장 냄새였지만 그 너머엔 늘 고단함이 묻어 있었다. 한번 사 입은 옷은 해질 때까지 입었다. 운동화 앞코가 벌어져도 "조금만 더 신자."라는 말이 먼저 나왔다. 그런 집안에 수학여행비 2만 원은 사치였다.

그래서 난 말하지 않았다. 그저 속으로 접었다. 그리고 아픈 척하기로 결심했다. 여행을 떠나기 일주일 전부터 배가 아픈 척, 열이 나는 척. 사실 연기라기보단 자책이 만든 통증 같은 것이었다. 선생님은 걱정하셨고, 친구들은 무슨 병이냐고 물었지만 나는 그저 고개를 젓고 웃었다. 그 웃음 뒤에는 "가난해서 못 간다."라는 말이 도저히 나오지 않는 열세 살짜리의 자존심이 숨어 있었다.

여행 당일 아침, 친구들은 서로 손을 잡고 교문을 들어섰다. 반짝이는 운동화, 새 옷, 들뜬 얼굴. 나는 멀찍이 떨어진 거리에서 그 모습을 바라봤다. 버스에 올라타 손을 흔드는 아이들의 모습이 희미해질수록 내 눈앞도 점점 흐려졌다. 가슴이 무거웠다. 진짜 아픈 건 배가 아니라 마음이었다.

나는 친구들이 떠난 동안 학교에 남았다. 선생님들이 머무는 숙소 한쪽에 자리를 내주셨다. 빈 교실보다 더 조용한 공간에서 낮엔 책을 펼치지도 못했고, 밤엔 쉽게 잠들 수 없었다. 창밖을 멍하니 보며 친구들이 돌아오는 날만 손꼽아 기다렸다. 그 며칠 동안 나는 자꾸 묻게 됐다.

"왜 나만 안 되는 걸까?"
"왜 난 늘 참아야 할까?"

하지만 이내 마음을 다잡았다. 적어도 부모님을 힘들게 하진 않았다는 생각에 스스로를 위로했다.

"잘했다. 이 정도쯤은 참을 수 있잖아."

그건 어른의 말투였고, 아이가 하기엔 너무 조숙한 위로였다.
며칠 뒤, 수학여행을 마치고 돌아온 친구들은 카메라 속 사진을 돌려 봤다. 웃으며 포즈를 취한 얼굴들, 관광지 앞에서 들뜬 모습들. 나는 아무렇지 않은 척 함께 웃었다. 부럽지 않다고 스스로를 속였다. 그날 밤, 아무도 없는 방에서 이불을 뒤집어쓰고 조용히 울었다. 열세 살, 처음으로 내 앞에 선 현실이 너무 서러웠다. 여행을 못 가서 슬픈 게 아니었다. 그런 선택을 스스로 해야 했던 나 자신의 삶이 너무 안쓰러웠다.
그날 이후, 나는 무엇이든 쉽게 기대하지 않게 됐다. 누구나 당연하게 누리는 것들이 나에겐 쉽게 주어지지 않는다는 걸 일찍 알아 버렸다. 기대는 실망을 만들고, 실망은 어른처럼 굳게 만든다는 걸. 그래서 나는 일찍 철이 들었다. 더 열심히 살자고 마음먹었다. 다음번엔 꼭 내 힘으로 가 보겠다고.
지금도 가끔 그 수학여행을 떠올린다. 만약 그때 2만 원이 있었다면 어땠을까? 나도 친구들처럼 웃는 사진 속 한 장면이 되어 있었을까? 아마도. 하지만 또 이런 생각도 든다. 그때의 나는 버티는 법을 배웠고, 포기 속에서도 스스로를 지키는 방법을 배웠다. 그런 시간들이 있었기에 지금의 내가 있다.

"삶이란, 원하는 걸 모두 가질 수는 없지만 원하는 사람으로는 자랄 수 있다는 것."

그 어린 날, 나는 이미 그런 선택을 하고 있었다. 가진 것이 부족하면 마음이 더 커져야 한다는 것. 현실이 야박하면, 더 단단해져야 한다는 것.
그리고 나는 그날의 나에게 지금도 말해 주고 싶다.

"잘 버텼다. 그리고 잘 컸다."

❸
공부가 밥 먹여 주지 않는다

내가 자란 마을은 지도에서 찾기도 어려운 시골이었다. 아침이면 닭 울음소리에 눈을 뜨고, 해가 지면 모두가 잠자리에 드는 삶. 논과 밭, 먼지 날리는 비포장도로, 소박한 집들이 전부였다. 하지만 그 고요한 일상에도 분명한 룰이 있었다.

"공부가 밥 먹여 주지 않는다."

우리 마을 어른들이 입버릇처럼 하던 말. 남자는 고등학교까지만, 여자는 중학교만 마치면 된다는 생각이 보통이었다. 그 이후의 길은 뻔했다. 다들 공장으로, 건설 현장으로, 도시로 나갔다. 누군가는 그걸 '산업 전선'이라 불렀지만 우리에겐 그저 '살아남기 위한 현실'이었다. 우리 집도 다르지 않았다. 아니, 장남인 나에게는 오히려 더 확실한 미래가 정해져 있었다. 하루라도 빨리 돈을 벌어야 했다. 부모님 손에 박인 굳은살을 볼 때마다 나는 생각했다.

'기술을 배워야 한다. 그래야 빨리 돈을 벌 수 있다.'

그래서 공업고등학교 진학은 자연스러운 선택이었다. 꿈이라기보다 생존 전략. 기술을 익히고, 바로 취업해 집에 보탬이 되는 삶. 그게 내가 감당해야 할 몫이라고 믿었다. 중학교 3학년. 나는 이미 공고 진학을 위한 서류를 챙기고 있었다. 어떤 과를 선택할지, 어떤 기술이 유망할지까지 고민했다. 공부로 인생이 바뀐다는 말은 내게는 먼 이야기였다. 그보다는 '돈'이 더 현실이었다.

지식은 논밭을 사지 못했고, 성적표는 밥을 주지 않았다. 그런데 그 흐름을 바꿔 놓은 한 사람이 있었다. 담임 선생님이다. 어느 날, 선생님이 나를 조용히 불렀다.

"너, 공부하는 게 좋지 않니? 말도 또박또박 잘하고, 생각도 깊어 보여. 공고도 좋지만, 인문계 고등학교는 생각 안 해 봤니?"

처음엔 귀에 들어오지 않았다. 나는 공고에 가야 했다. 그게 나와 가족에게 맞는 길이라고 믿었다. 선생님의 말은 너무 멀게 느껴졌다. 이상적이고, 나와는 어울리지 않는 이야기 같았다. 하지만 선생님은 포기하지 않으셨다. 며칠 후, 내게 조심스레 또 물으셨다.

"넌 뭔가 더 해낼 수 있을 것 같아. 길은 하나만 있는 게 아니야."

그 말을 들은 날 밤, 나는 잠을 잘 수 없었다. 어쩌면 처음이었다. 누군가 내 가능성에 대해 말해 준 건. 집에 돌아와서도 계속 생각이 맴돌았다.

'정말 나한테 그런 가능성이 있을까?'

'선생님 눈에 비친 나를 믿어 봐도 될까?'

며칠을 고민한 끝에, 담임 선생님이 부모님과 상담을 마친 후에야 나는 인문계 고등학교로 방향을 틀었다. 결코 가볍지 않은 선택이었다. 공고를 택했다면 당장 취업을 준비할 수 있었지만 인문계는 끝이 보이지 않았다. 대학? 입시? 그런 건 생각해 본 적도 없었다. 하지만 나는 걸었다. 이유는 단 하나.

"누군가 나를 믿어 줬기 때문에."

인문계 진학 이후, 현실은 조금도 나아지지 않았다. 학비, 교재비, 자취방 월세까지. 생활비는 늘 쫓기듯 허덕였다. 점심을 굶는 날도 많았고, 참고서 대신 친구들의 문제집을 뒤적였다. 친구들과 어울릴 여유는 없었다. 나는 늘 가방에 책임감을 함께 메고 다녔다. 그래도 후회는 없었다.

공부가 쉽지는 않았지만 책 속에서 내가 몰랐던 세상이 보이기 시작했다. 국어 시간에 읽은 한 편의 시가, 사회 시간에 들은 어떤 이론이 내 생각을 흔들었다.

"사막이 아름다운 건 오아시스가 있기 때문이다."라는 선생님의 말씀에 "아, 세상은 내가 살던 마을 너머에도 있구나." 하고 깨달았다.

공부하는 즐거움과 책을 읽을 수 있는 기쁨을 처음으로 알게 됐고, 내 마음을 단어로 꺼내는 법을 배웠다. 세상을 보는 눈이 바뀌고 있었다. '돈'이 전부인 줄 알았던 시선이, '의미'와 '가치'라는 단어를 품기 시작했다. 어쩌면 그게 진짜 배움이었는지도 모른다. 당장은 힘들었지만, 그 길 끝에는 분명 다른 미래가 있을 거라 믿었다. 공고에 갔다면 나는 지금 어떤 삶을 살고 있을까? 아마도 군대조차 안 갔을지도 모른다. 그 선택은 내 인생의 첫 전환점이었다. 누군가 내 안의 가능성을 믿어 주었고, 나는 그 믿음 위에 내 길을 쌓기 시작했다.

고등학교 3년 동안 단 한 번도 넉넉했던 적은 없었다. 그래도 내 안엔 자라고 있는 것이 있었다. 생각하는 힘. 쓰는 힘. 스스로에게 질문을 던지는 힘. 그 힘들은 내가 어떤 상황에 처하더라도 '흔들리지 않는 사람'이 되게 해 줬다.

지금도 가끔 그 시절을 돌아본다. 그때 내가 인문계를 택한 건, 기적이었다기보다 '누군가의 믿음'이 만든 작은 변화였다. 그 믿음 하나가 내 길을 틀었고, 삶을 바꿔 놨다.

"누군가의 진심 어린 한마디가, 한 사람의 인생을 바꾼다."

나는 그걸 살아서 증명했다. 그리고 언젠가 나도 누군가에게 그런 사람이 되고 싶다. 배움은 당장은 밥을 주지 않았다. 하지만 그 배움은 나를 더 깊은 사람으로 만들었다. 그리고 그 깊이는 가난을 이겨 내는 가장 단단한 힘이 되었다.

그리고 나는 그날의 나에게 말해 주고 싶다.

"그 눈물은 헛되지 않았다."

이제는 가치와 사람을 잇는 사명으로 다시 걷고 있다. 그리고 언젠가 이 다리가 단단해져서 뒤따라오는 누군가가 더 이상 겁내지 않고, 더 이상 좌절하지 않고, 자기 삶을 다시 시작할 수 있는 진짜 길이 되기를 바란다.

❹ 자취 생활

   고등학교에 입학하던 해, 나는 집을 떠났다. 통학이 불가능한 거리였고, 가까운 읍내 학교 대신 더 먼 인문계 고등학교를 선택한 탓이었다. 친구들 대부분은 아침이면 어머니가 차려 주는 밥을 먹고, 도시락을 들고 학교에 갔다. 나는 달랐다. 아침마다 알람 소리에 스스로 눈을 뜨고, 싸늘한 방에서 양말을 신고, 어설프게 체육복을 입고 나섰다. 누군가 챙겨 주는 하루는 없었다. 완전히 혼자였다.

   처음 자취를 시작했을 땐 서툴렀다. 밥을 해 본 적도, 국을 끓여 본 적도 없었다. 빨래는 해 봤지만, 쌀 씻는 법도 몰랐고 가스불도 무서웠다. 하지만 배고픔은 모든 걸 가르쳤다. 누구도 나를 위해 밥상을 차려 주지 않았으니까.

   내 자취방은 단칸방이었다. 함석판으로 짜인 출입문을 들어서면 흡사 움막과도 같은 어두움이 늘 자리하고 있었다. 한낮에도 불을 켜지 않으면 활동이 어려웠다. 30센티미터 정도의 사각 창문 틈으로 겨울바람이 들이치고, 여름엔 열기와 모기가 번갈아 찾아왔다. 한쪽 구석엔 낡은 전기밥솥, 그 옆엔 작은 가스버너 하나. 냉장고는 없었고, 반찬이 담긴 통은 꿈도 못 꿨다. 식사는 늘 단출했다. 아니, 단출함을 넘어 허기와의 타협이었다.

초장 한 숟가락. 그걸 밥에 비벼 먹었다. 고추장도 아니고, 진한 간장도 아니고, 그냥 초장. 고춧가루와 간장 한두 가지로 만든 간이 반찬이 전부였다. 그마저도 없을 땐 그냥 물을 떠서 국처럼 마셨다.

무는 가장 자주 만난 채소였다. 값이 저렴하고 오래간다는 이유로 장바구니에 가장 먼저 담기곤 했다. 듬성듬성 썬 무에 고춧가루 약간, 간장 몇 방울. 그렇게 끓인 뭇국. 뜨겁지도 않았고, 깊은 맛은커녕 밍밍했지만 그 국 한 그릇이 내 하루를 지탱해 줬다. 점심 도시락을 싸 간 날은 많지 않았다. 보통은 그냥 젓가락만 들고 갔다. 친구들이 뚜껑을 열며 도시락을 자랑할 때 나는 조용히 자리를 피했다. 때로는 아무렇지 않은 척 빈 젓가락으로 책상만 두드리며 버티곤 했다. 누구보다 배가 고팠지만 부끄러움이 먼저 배를 눌렀다. 자취방은 조용했다. 너무 조용해서 밥 짓는 소리조차 스스로 위안이 됐다. 밤이면 방 안은 얼음처럼 식었고, 이불 속에서도 한기가 들었다. 이불을 뒤집어쓰고 무릎을 끌어안은 채 나는 생각했다.

'이 생활이 언제까지일까.'

돈이 없어서 참는 배고픔보다도 끝이 보이지 않는 이 삶의 구조가 더 견디기 힘들었다. 내가 아무리 아껴도 집안 형편은 바뀌지 않았고, 내가 아무리 버텨도 내일은 여전히 흐릿했다. 하지만 어느 날, 라디오에서 한 문장이 흘러나왔다.

"고통은 삶을 망가뜨리는 것이 아니라, 삶의 본질을 깨닫게 한다."

그 말이 내 가슴 한편을 톡 하고 건드렸다. 맞다. 나는 지금 삶의 본질과 마주하고 있다. 누군가가 깔아 주는 길이 아닌 내가 손으로 파고 걸어가는 길. 뭇국 한 그릇을 끓이며 배우는 생존, 그 자체가 내 삶의 교과서였다. 뭇국은 맛이 없었다. 하지만 그걸 먹을 때마다 나는 스스로에게 이렇게 말했다.

"그래, 이 정도는 견딜 수 있어."

그 국을 끓이고 식히고, 다시 데워 가며 한 끼를 둘로 나눠 먹을 때마다 나는 하루를 넘겼고, 그 하루들이 쌓여 지금의 내가 됐다. 지금도 가끔 초장을 비벼 먹던 밥 생각이 난다. 너무 짜서 물을 벌컥벌컥 마셔야 했고, 그 물 한 모금이 국 역할을 했다. 그건 누군가 보기엔 참 서러운 식사였지만 나에겐 가장 강한 생의 의지였다.

"진짜 힘은, 아무도 보지 않는 곳에서 길러진다."

그 말처럼 그 자취방에서 나는 조금씩 단단해지고 있었다. 외롭고 고단했지만 그 속에서 나는 버티는 법을 배웠고 스스로를 지키는 법을 익혔다. 그리고 자존감을 지키며 밥을 먹는 법도 배웠다. 그 단칸방, 그 뭇국, 그 초장의 자극적인 맛과 밤새 꺼지지 않던 배고픔까지. 모두가 나를 만든 재료였다. 지금의 나는 그날들을 자랑하진 않지만 절대 부끄러워하지도 않는다. 그건 내가 온몸으로 살아 낸 시간이고, 그 모든 것들이 오늘의 나를 증명하고 있으니까.

❺
굴복하지 않은 마음

　매일 아침 눈을 뜰 때마다 똑같은 현실이 기다리고 있었다. 좁은 자취방, 어설프게 끓여 먹던 뭇국, 빈 도시락 통, 빈 지갑. 그 모든 것은 명백한 내 현실이었다. 인근에 사시는 작은아버지가 오토바이를 타고 한 달에 한두번씩 오셔서 건네주는 5천원의 용돈은 금쪽 같았다. 늘 가난했고, 외로웠고, 벗어날 방법조차 보이지 않았다. 그럼에도 불구하고 나는 그 상황에 완전히 무너지고 싶지 않았다.
　주어진 조건은 분명 나를 짓눌렀다. 어릴 때부터 가난은 내 삶의 배경 음악처럼 깔려 있었고, 어디를 가든 '없는 집'이라는 낙인이 따라다녔다. 하지만 마음 한구석에는 늘 또렷한 반항심 같은 것이 자리 잡고 있었다.

　"그래, 가진 건 없지만, 그렇다고 내 삶까지 포기할 순 없다."
　"상황은 사람을 제한할 수 있어도, 사람의 마음까지 가두지는 못한다."

나는 늘 그렇게 마음을 다잡았다. 무언가를 쉽게 포기하는 건 나의 방식이 아니었다. 주변에서는 "그냥 빨리 취직해서 돈 벌어라." 하는 말을 많이 했다. 꿈을 꾼다는 건 사치라고, 공부는 배부른 사람들이나 하는 거라고 했다. 어떤 날은 나조차 그런 말에 흔들리기도 했다. 당장 끼니를 걱정하는데 무슨 미래냐 하는 생각이 들기도 했다.

하지만 내 안에는 희미하더라도 확실한 믿음이 있었다. 지금은 비록 초장에 밥을 비벼 먹고, 뭇국 한 그릇으로 하루를 버티고 있지만 언젠가는 이 현실을 벗어날 수 있다는 믿음. 그리고 그걸 위해서는 절대, 지금 주어진 조건에 스스로를 맞춰선 안 된다는 다짐이었다.

자취방의 밤은 길었다. 불을 끄고 누워 천장을 바라보다 보면 별별 생각이 다 들었다. 친구들은 집에서 편하게 지낼 텐데, 왜 나만 이렇게 살아야 하나 싶은 억울함도, 이대로 포기하고 싶다는 유혹도 스멀스멀 올라왔다. 그러나 그런 마음이 들 때마다 스스로에게 말했다.

"포기하면, 지금까지 버틴 게 다 헛것이 된다."

나는 눈앞의 현실에 매몰되지 않으려 애썼다. 자그마한 라디오를 틀고 책을 읽었다. 때론 형편에 맞지 않는 책 한 권을 사기 위해 몇 주 동안 아껴 쓰기도 했다. 그 조그만 자취방 안에서 나는 세상을 꿈꿨다. 나만의 세상, 내가 주인이 되는 삶을.

"환경이 너를 규정하지 않는다. 네가 환경을 넘어설 때 진짜 너 자신을 찾게 된다."

그 말을 내 가슴에 새겼다.

사람은 조건을 탓하기 쉽다. 돈이 없어서, 배경이 없어서, 기회가 없어서. 하지만 그 핑계에 기대어 주저앉으면 결국 아무것도 바꿀 수 없다는 걸 나는 어린 나이에 알아 버렸다. 그래서 오늘 먹을 것도, 내일 입을 것도 불확실했던 삶이지만, 나는 꿋꿋하게 공부했고, 꿋꿋하게 내 미래를 생각했다. 주어진 조건은 내게 말없이 경고했다.

"너는 이 이상을 바라지 마라."

그러나 나는 그 경고를 들은 척도 하지 않았다. 비루한 현실 속에서도 꿈꿀 수 있는 권리만큼은 누구도 내게서 빼앗을 수 없었기 때문이다. 나는 믿었다. 아무리 작은 불꽃이라도 바람 속에서 지켜 내면 언젠가는 큰 불이 된다는 것을. 내 삶이 그 증거가 될 것이라고 되뇌었다.

그리고 지금, 이렇게 돌아보면 확실히 말할 수 있다. 나는 굴복하지 않았다. 가난에, 외로움에, 불안에, 결코 무너지지 않았다.

지금의 나를 만든 건 더 좋은 환경도, 누군가의 도움도 아니었다. 오직 포기하지 않은 내 마음 하나였다.

돈보다 더 간절했던 기회

자취방에서 초장에 밥을 비벼 먹고 뭇국으로 허기를 달래던 시절. 내게 가장 절실했던 건 사실 '돈'이었다. 하루라도 마음 편히 끼니를 걱정하지 않고 살고 싶었다. 신발 밑창이 다 닳아도 새것을 사지 못하고, 옷이 낡아도 꿰매 입어야 했던 나는 누구보다도 돈의 필요함을 절실히 알았다.

하지만 이상하게도 시간이 지날수록 나는 깨달았다. 정말 간절했던 건 돈이 아니라 '기회'였다는 것을. 돈은 당장 오늘을 버티게 해 주지만 기회는 내일을 바꿀 수 있었다. 그리고 나는 내일을 바꾸고 싶었다. 어제와 오늘이 똑같은 삶을 살아가고 싶지 않았다. 그 때문에 나는 매일 책상에 앉았다. 배고픔을 참고, 외로움을 견디며 노트 위에 펜을 굴렸다. 누구도 보지 않는 그 순간들이 언젠가 기회로 이어질 거라는 희미한 믿음 하나로.

"돈은 없으면 불편할 뿐이지만, 기회가 없으면 영혼이 말라 간다."

어떤 날은 유혹도 있었다. 동네 어른들이 말했다.
"공장 들어가면 바로 월급 받는다."
친구들 중에도 학교를 그만두고 일하러 가는 이들이 많았다. 그들이 손에 쥔 첫 월급봉투를 볼 때마다 솔직히 부러웠다. 나도 당장 돈을 벌 수 있었다. 그렇게만 하면 자취방의 허름한 밥상도, 텅 빈 도시락 통도 조금은 나아질 수 있었을 것이다. 하지만 나는 선택하지 않았다. 매일 아침 학교로 향하는 길을 포기하지 않았다.

책상 앞에 앉아 졸음을 참으며 책장을 넘겼다. 바로 돈을 버는 대신 먼 미래를 위해 준비하는 그 길을 택했다. 누군가는 어리석다고 했고, 누군가는 고집이 세다고 했다. 그러나 나는 알았다. 돈은 다시 벌 수 있지만 잃어버린 시간과 기회는 다시 돌아오지 않는다는 걸.

학교에서는 가끔 특별 강연이 열렸다. 사회에서 성공한 사람들의 이야기, 어렵게 공부해서 새로운 길을 찾은 이들의 경험담. 그 이야기들을 들을 때마다 내 가슴은 뜨겁게 뛰었다. '나도 할 수 있을까?'라는 작은 물음이 생겼다. 그 물음이 내 버팀목이 되었다.

"기회는 준비된 자에게만 찾아온다."

그 말을 나는 가슴 깊이 새겼다. 당장 손에 쥐는 몇만 원보다 몇 년 뒤 내 손으로 만들어 갈 미래가 더 소중했다. 그래서 공부했고, 버텼고, 넘어졌다가도 다시 일어섰다.

삶은 여전히 팍팍했다. 돈이 없어 고민해야 하는 일은 끊이지 않았고, 하루하루가 벼랑 끝 같았다. 하지만 내 마음은 다르지 않았다. 포기하면 모든 게 끝이라는 걸 알고 있었다. 무릎 꿇지 않는 한, 희망은 살아 있었다. 자취방 구석에서 혼자 밤을 새며 적었던 작은 꿈들이 있었다. 더 큰 세상으로 가겠다는 다짐, 그리고 그 다짐을 이룰 단 하나의 열쇠는 바로 '기회'였다.

기회를 얻기 위해서는 준비해야 했다. 준비는 고되고 외로웠지만 흔들리지 않았다. 세상이 차갑게 굴어도, 현실이 내 발목을 잡아도 나는 마음속으로 되뇌었다.

'조금만 더 버티자. 조금만 더 준비하자. 기회는 반드시 온다.'

그렇게 나는 돈보다 기회를 택했다. 그리고 그 선택이 내 인생을 바꿔 놓았다. 그때의 나는 돈이 없었지만 꿈이 있었다. 그때의 나는 배고팠지만 희망을 잃지 않았다. 그리고 무엇보다, 그때의 나는 주어진 현실에 굴복하지 않고, 내 안에 숨겨진 가능성을 믿었다.

"돈은 삶을 유지시키지만, 기회는 삶을 변화시킨다."

나는 변화를 택했다. 그리고 오늘, 이 글을 쓰고 있는 나는 그때의 선택에 깊은 감사와 자부심을 느낀다.

등록금 93만 원

대학교 합격 통지서를 받은 날, 나는 한동안 그것을 제대로 쳐다보지도 못했다. 종이에 인쇄된 '합격'이라는 두 글자는 분명 내 손에 쥐어진 기회였지만 동시에 내 어깨 위에 한없이 무거운 돌덩이를 얹어 놓은 것 같았다.

등록금은 93만 원. 지금 시대와 비교하면 작은 돈처럼 들릴지 모르지만 당시 우리 집 형편으로는 상상할 수조차 없는 액수였다. 우리 가족에게 '재산'이라고 할 수 있는 것은 집 마당 한구석에 묶여 있던 두 마리 소가 전부였다. 그 소는 농사일에 빠질 수 없는 존재였고, 가족의 생계와도 직결된 자산이었다.

내 대학 등록을 위해 아버지는 결국 송아지 한 마리를 팔았다. 그날 아버지가 손에 쥐고 돌아온 1만 원짜리 뭉치들. 손때가 묻고 여기저기 구겨진 지폐들을 합쳐 겨우 93만 원이 됐다. 뭉툭한 손가락으로 돈을 세는 아버지의 모습이 내 눈에 깊이 새겨졌다. 그렇게 큰돈을 한 번에 본 건 내 생애 처음이었다. 하지만 나는 웃을 수 없었다.

"진정한 책임은 누군가의 희생을 통해 주어진다."

그 순간 나는 알았다. 이 등록금은 내 꿈의 값이 아니라 가족의 희생 그 자체라는 것을. 기쁘거나 설렐 겨를이 없었다. 앞으로 4년 동안 지금 이 93만 원과 같은 돈을 일곱 번이나 더 마련해야 한다는 사실이 머리를 짓눌렀다. 숨이 막힐 것 같았다. 가족에게 또다시 이런 희생을 강요해야 한다는 생각에, 합격의 기쁨은 서럽기까지 했다.

등록금 고지서를 받아든 그날 밤, 나는 잠을 이루지 못했다. 천장을 보며 스스로에게 물었다.

"정말 공부를 해야 하나?"

고등학교 때처럼 당장 일을 하러 가야 하는 건 아닐까? 대학 졸업장이 과연 우리 가족의 고생을 보상할 수 있을까? 이런 질문이 머릿속을 어지럽게 휘돌았다. 답은 쉽게 나오지 않았다. 하지만 나는 알았다. 당장은 힘들어도 공부를 멈추면 이 가난의 굴레를 영원히 끊을 수 없다는 것을. 내가 여기서 포기하면 소를 팔아 대학문을 열어 준 부모님의 희생이 아무 의미도 없어질 거라는 걸. 그 길고 무거운 밤을 지나, 나는 마음속으로 다짐했다. 어떻게든 버텨야겠다고. 무슨 일을 하든, 어떤 고생을 하든 절대 중간에 포기하지 않겠다고.

"희생 위에 세워진 꿈은, 절대 가벼이 다루어선 안 된다."

그때부터 나는 학생이자 노동자가 됐다. 낮에는 막노동판이나 공장에 나가 일을 했고, 야간에는 수업을 들었다. 삽을 들고, 땀을 흘리고 손바닥이 터지도록 일했다. 피곤에 지쳐 강의실에서 꾸벅꾸벅 조는 일도, 코피 흘리는 일도 다반사였지만 절대 학교를 그만둘 생각은 하지 않았다. 내 뒷모습을 떠올릴 때마다, 집을 지키던 소를 떠올릴 때마다 다시 이를 악물었다.

등록금 고지서가 나올 때마다 가슴은 조여들었지만 한 번도 늦은 적이 없었다. 생활비를 아껴 가며 돈이 되는 일이라면 그 어떤 일이든 마다하지 않았다. 그렇게 하나씩, 한 학기쓴 버터 나갔다. 가끔 캠퍼스에서 여유롭게 커피를 마시고 웃는 또래 학생들을 보면 내 삶이 너무 무겁고 삭막하게 느껴질 때도 있었다. 하지만 부러워하거나 원망하지 않았다. 나에게 주어진 길은 다를 뿐이었다. 그리고 나는 그 길을 남 탓 없이 끝까지 가고 싶었다.

"인생은 주어진 조건이 아니라 그것을 어떻게 견디고 넘는가로 결정된다."

나는 등록금 93만 원의 무게를 짊어지고 걸었다. 그것은 단순한 돈이 아니라 가족의 땀과 눈물, 그리고 내 삶을 증명하는 무게였다. 지금 돌아보면 그때 포기하지 않았던 내가 참 고맙다. 그리고 소를 팔아 내게 기회를 만들어 주셨던 아버지의 손길이 여전히 내 삶의 가장 든든한 뿌리가 되어 주고 있다. 93만 원은 단순한 숫자가 아니었다. 그것은 내 인생을 바꾼 시작이었다. 그리고 나는 그 빚을 갚기 위해 지금도 여전히 멈추지 않고 걸어가고 있다.

젊음과 노동, 그 교차점

대학 생활이라는 말을 들으면 많은 사람들이 떠올리는 이미지가 있다. 캠퍼스 벤치에 앉아 햇살을 받으며 친구들과 커피를 나누는 풍경, 잔디밭에 누워 책을 읽는 여유, 동아리 활동, 소개팅, 여행, 그리고 스스로를 조금씩 알아가는 청춘의 시간들. 하지만 내게 그런 그림은 현실이 아니었다. 어쩌면 애초에 그런 걸 기대할 여유조차 없었다.

"청춘은 낭만이 아니라, 나에게는 생존이었다."

대학에 입학한 순간부터 나는 공부와 돈 사이에서 외줄타기를 해야 했다. 하루는 짧고, 할 일은 끝이 없었다. 아침에 눈을 뜨자마자 가장 먼저 한 일은 대학 게시판을 확인하는 것이었다. 혹시나 등록금을 줄여 주는 장학 혜택은 없는지, 근로 장학생 모집은 없는지, 돈 벌 곳이 없는지. 어떻게든 버텨야 한다는 생각뿐이었다.

공강이 있는 날이나 공휴일은 나에겐 휴식이 아니라 '돈을 벌 수 있는 날'이었다. 누구에게는 쉼표 같은 날이었지만 나에게는 쉼표 대신 막노동이라는 마침표가 찍혀 있었다. 작업복을 챙겨 입고, 철거 현장이나 쓰레기 분리장, 폐기물 운반지로 향했다. 기술이 없으니 고된 일, 위험한 일이 주로 내 몫이었다. 장갑 너머로 전해지는 날카로운 파편과 퀴퀴한 냄새, 끝없이 반복되는 허리 숙임. 그래도 일당 2만 원은 그 시절 나에게는 결코 작은 돈이 아니었다.

그 돈으로 자취방 월세를 내고, 식비를 겨우 맞추고, 교재를 샀다. 여유란 없었다. 하루하루를 채우는 데 급급했다. 하지만 그 와중에도 내 마음 한편엔 작지만 단단한 욕망 하나가 있었다. 바로 '읽고 쓰는 삶'에 대한 갈망이었다.

책은 내 유일한 사치였고, 글쓰기는 도망처였다. 노동이 끝나고 돌아오는 길에, 가장 먼저 향한 곳은 헌책방이었다. 먼지가 쌓인 책 더미 속을 뒤적이며 마음에 드는 책을 고르는 시간은 하루 중 유일하게 나 자신으로 존재할 수 있는 순간이었다. 2만 원짜리 일당에서 절반가량을 떼어 다섯 권, 많으면 열 권 정도의 책을 샀다. 그 책들이 내 삶의 공백을 메워줬고, 생각의 틀을 넓혀줬다. 며칠치 식사를 줄이더라도 책은 포기할 수 없었다.

몸은 고단했지만, 머릿속은 자유로웠다. 책은 나를 가난한 현실로부터 잠시나마 구출해 주는 유일한 수단이었다.

어울리지 않는 막노동과 독서, 이 두 가지가 나의 아프지만 아름다운 청춘이었다. 낮에는 땀과 흙먼지에 뒤범벅이 된 몸으로 벽돌을 날랐고, 밤에는 책장을 넘기며 세상 구석구석을 상상하며 여행했다. 어느 누구도 이 시간을 대신 살아 줄 수 없었고, 아무도 내가 어떤 다짐으로 하루하루를 버텼는지 알지 못했다.

남들이 즐거운 캠퍼스 생활에 젊음을 불사를 때, 나는 잔업을 끝내고 돌아와 라면을 끓이며 한 장 한 장 책을 읽었다. 겉보기엔 초라했지만 내 안은 조용히 자라고 있었다. 아무도 알아주지 않는 그 성장들이, 나를 다시 일으켜 세우는 뿌리가 되어 주었다.

"젊음은 찬란한 게 아니라, 버티는 것이다. 포기하지 않고 버티는 자에게만 그 이후의 시간이 열린다."

누군가는 내게 묻는다. 그 시절, 후회하지 않느냐고. 나는 단 한 번도 후회한 적이 없다. 청춘은 누구에게나 같은 모습으로 다가오지 않는다. 어떤 이에게는 파란 하늘과 벚꽃길이고, 또 어떤 이에게는 쇠스랑과 흙먼지, 장갑과 물집 자국일 뿐이다. 내 청춘은 후자였지만 나는 그 시간을 결코 부끄러워하지 않는다.

지금의 나는 그 시간을 통과한 사람이다. 그때 막노동으로 벌어 산 책 한 권, 야근 후 지친 몸으로 읽은 문장 한 줄이 오늘의 나를 만들었다. 삶은 절대 한 방향으로 흘러가지 않는다. 그때의 내가 있기에 오늘의 내가 존재한다.

그 시절, 젊음과 노동이 겹치는 교차점에서 나는 배웠다. 삶은 조건이 아니라 태도라는 것을. 그리고 가장 거칠고 고된 자리에서도 사람이 얼마나 단단해질 수 있는지를 몸소 터득했다. 나는 그 교차점에서 '나'를 만들었다.

군복을 입은 이유

장교 지원, 그저 돈 때문이었다

❶
장교 지원서 한 장

 무엇인가를 간절히 원하면 이루어진다고들 한다. 어린 시절부터 그런 말을 수도 없이 들었지만 나에게는 늘 현실이 먼저였다. 간절함은 배를 채우지 못했고, 희망은 등록금을 대신 내주지 않았다. 그래서 나는 웬만한 꿈 따위는 마음속에서 접은 채 살았다. 살아남는 것이 우선이었고, 당장의 내일이 중요한 인생이었다.
 하지만 인생이란 정말 아이러니하게도 가장 절박한 순간에 뜻하지 않은 길 하나를 내주기도 한다. 그게 바로 '군 장학생 제도'였다.
 대학교 1학년, 생활은 늘 빠듯했다. 등록금은 물론 교재값 하나도 신중하게 따져야 했다. 그 시절의 나에게 4년 전액 장학금이라는 건 상상조차 할 수 없는 일이었다. 그런데 정말 말 그대로 하늘에서 떨어진 기회처럼 그 제도가 내 앞에 나타났다. 조건은 분명했다. 대학 4년간 학비를 전액 면제해 주되 졸업 후에는 3년의 의무 복무와 추가 4년의 장교 근무를 이행해야 한다는 것이다. 그러니까 총 7년간 군복을 입어야 한다는 계산이었다.
 내게는 고민할 시간이 필요 없었다.

"묻지도, 따지지도 않았다."

장교가 어떤 일을 하는지, 군대가 어떤 세계인지 전혀 알지 못했지만 그건 중요하지 않았다. 내게 필요한 건 오직 '학비'였고, 그 조건을 해결해 줄 유일한 제도가 바로 그것이었다. 그 순간 나에게 군복은 선택이 아니라 생존의 도구였다. 생존을 위한 본능이, 망설임 대신 바로 '군 장학생 지원서 한 장'을 꺼내 들게 했다.

사실 첫 지원은 허무하게 날려 버렸다. 지원 일정을 잘못 알아 접수조차 하지 못한 것이다. 더구나 지원서 접수를 해야 하는 마지막 날, 막노동을 하고 있었으니 마음이 허탈했고, 스스로가 한심하기까지 했다. 당시 학생군사교육단 행정실장(소령)을 찾아가 무릎 꿇고 눈물로 사정을 해 봤지만 아무 소용이 없었다. '이렇게 기회를 놓치는구나' 싶어 며칠 동안 스스로를 원망했다. 그런데 다행히도 한학기가 지나 2차 모집이 있다는 사실을 알게 되었고, 그 기회를 절대 놓치지 않겠다는 마음으로 다시 준비했다. 그리고 결국, 합격 통보를 받았다. 그 순간의 기분을 나는 아직도 생생하게 기억한다. 가슴이 뜨거웠다.

"정말 간절히 바라면, 이루어지는구나."

그때의 경험은 내 삶의 첫 번째 '터닝 포인트'가 되었다. 나는 비로소 처음으로, 누군가의 도움 없이, 내 힘으로 무언가를 얻어 낸 기분을 느꼈다. 하지만 솔직히 말하자면, 나는 장고가 어떤 존재인지 정확히 몰랐다. 국방, 리더십, 책임감, 통솔력……. 그런 단어들은 추상적이기만 했다. 군대는 나에게 그저 두려운 곳, 멀게만 느껴지는 조직일 뿐이었다. 그저 4년간 학비가 해결된다는 현실만이 중요했고, 그 외의 모든 조건은 부차적이었다.

"간절함은 때로 방향보다 추진력을 먼저 준다. 길은 그다음에 만들어지는 법이다."

그 한 장의 장교 지원서는 단순히 한 제도에 응시한 것이 아니었다. 그것은 내 삶의 새로운 궤도에 자신을 올려놓겠다는 결심이었고, 그 결심이 지금의 나를 만들었다. 만약 그때 내가 겁을 냈더라면, 조건을 따지며 망설였더라면 나는 여전히 가난과 절망의 경계에 머물러 있었을지도 모른다.

그 선택 이후의 시간들은 결코 쉽지 않았다. 군대는 내 상상보다 훨씬 냉정했고, 군복은 단지 의복이 아니라 철저한 책임의 상징이었다. 하지만 나는 후회하지 않았다. 내가 선택한 길이기에, 그리고 그 길 위에서 나는 전보다 훨씬 더 단단해졌기에.

장교라는 직업이 내게 어떤 의미인지 깨닫기까지는 시간이 오래 걸렸다. 하지만 그 시작은 분명했다. 바로, 살아남기 위해 손에 쥔 원서 한 장. 그 한 장의 종이가 나를 이끌었고, 그 위에 적힌 내 이름이 내 인생의 방향을 바꾸었다. 오늘의 내가, 그 선택 앞에서 주저하지 않았던 과거의 나에게 해 주고 싶은 말은 단 하나다.

"잘했다. 탁월한 결정이었다."

❷
군인이 직업이야?

　군 복무는 대한민국 남자에게 주어진 의무다. 대부분 대학교 1학년이나 2학년을 마치고 입대한다. 나도 예외는 아니었다. ROTC나 장교 같은 건 들어 본 적은 있어도, 그게 나와는 별 상관없는 이야기라고 생각했다. 그저 어느 시점에 군대를 다녀오면 된다는 정도의 인식. 평범한 대학 생활 중 하나일 뿐이었다 하지만 내 삶에는 '평범함'이란 단어가 늘 비켜서 있었다.
　대학교에 입학하고 얼마 되지 않아 나는 현실과 마주해야 했다. 등록금을 마련하기 위해 아버지가 소를 팔았고, 생활비는 내가 책임져야 했다. 누군가는 수업이 끝나고 동아리 모임을 가고, 누군가는 주말이면 연애를 했지만, 나는 아침에 눈을 뜨면 곧장 막노동 현장으로 향했고, 노동을 마치면 야간 수업을 위해 발걸음을 재촉했다. 그 속에서 늘 따라붙던 질문이 하나 있었다

'이 생활을, 이 고단함을 어떻게든 벗어날 수 있는 길은 없을까?'

그때 눈에 들어온 것이 바로 '군 장학생 제도'였다. 등록금을 면제받는 조건으로 졸업 후 일정 기간 장교로 복무해야 하는 시스템. 처음에는 그저 학비를 해결하기 위한 수단으로 다가왔다. 마치 갈증을 해소해 주는 단비처럼, 고민할 여지 없이 나는 지원서를 냈고, 그 선택은 내 삶을 완전히 바꿔 놓았다. 하지만 제도의 조건은 단순히 의무 복무 3년에 그치지 않았다. 장학금을 받는 4년은 추가 복무로 이어져 총 7년간 군복무를 해야 한다는 조항이 따라붙었다. 이쯤 되면 보통은 고민한다.

"이게 정말 내가 원하는 길일까?"

하지만 그때의 나는 꿈이나 직업에 대해 생각할 여유가 없었다. 중요한 건 '살아남는 것', '버틸 수 있는 기반'을 만드는 일이었다. '군인'은 그렇게 내게 '직업'이 되었다. 거창한 계획도 없었고, 장교가 되고 싶었던 것도 아니었다. 그저 '지금 내가 가장 잘 견딜 수 있는 길', '지금의 고단함을 조금이나마 덜 수 있는 선택'이었다. 그렇게 자연스럽게, 아니 어쩌면 선택의 여지가 없었기에 더더욱 군대는 내 인생의 중심으로 들어왔다.

"삶의 방향은 때로 선택이 아니라 감당해야 하는 현실이 결정한다."

군복을 입고 처음 부대에 배치되었을 때 나는 여전히 낯설고 어색했다. '내가 이 옷을 입고 있다니.' 스스로도 믿기 어려웠다. 하지만 하루 이틀 지나며 느꼈다. 의무로 시작했지만 이 길이 어쩌면 내가 가장 성실히 해낼 수 있는 일일지도 모른다는 걸.

나는 맡은 일을 미루지 않았다. 상관의 지시보다 먼저 움직였고, 동료들보다 더 늦게 퇴근했다. 왜냐면 이 일은 단지 '직업' 그 이상이었기 때문이다. 내게 군대는 생계를 위한 현실이었고, 나를 지탱해 주는 유일한 기반이었다. 그래서 자연스레 군인은 내 직업이, 군대는 내 직장이 되었다. 그리고 그 직업은 점점 나의 사명이 되어 갔다.

돌이켜 보면 처음부터 '군인이 되겠다'는 목표가 있었던 건 아니다. 계획된 길도, 준비된 선택도 아니었다. 하지만 나는 그 길 위에서 포기하지 않았고, 그 안에서 내 역할을 성실히 해냈다.

"어쩔 수 없이 시작된 일이 끝내 내 길이 되는 것, 그것이 인생이다."

군복은 처음엔 '해결책'이었다. 그러나 시간이 지나며 그것은 나의 '정체성'이 되었고, 나를 구성하는 중요한 한 축이 되었다. 억지로 시작했지만 진심으로 버텼고, 그 안에서 나는 어른이 되었다. 그래서 말할 수 있다. 나는 장교가 되기 위해 군에 간 것이 아니라 살아남기 위해 갔다. 그러나 결국 그곳에서 나는 내가 어떤 사람인지 알게 되었다.

❸
장교라는 직업

　어릴 적 학교에서 장래 희망을 묻는 설문지가 나오면 나는 늘 "공무원"이라고 적었다. 진심에서 우러나온 선택이라기보다는 부모님의 바람을 따라 적은, 말하자면 무난한 대답이었다. 그땐 공무원이 정확히 무슨 일을 하는지도 몰랐다. 그저 '안정된 직업'이라는 말이 전부였다.

　그렇게 나는 어릴 적부터 무언가를 선택할 때 '알고 하는 선택'보다는 '살아남기 위한 선택'을 해 왔다. 장교라는 직업 역시 마찬가지였다. 내 인생에서 군인이 된다는 건 계획된 경로가 아니었다. 단지 4년간의 대학 등록금을 해결할 수 있다는 사실 하나만으로 지원했고, 그렇게 군복을 입게 된 것이다.

　대부분의 남자들이 그렇듯 나 역시 군대는 '의무 복무'로만 알고 있었다. 부사관이나 장교가 되는 걸 생각해 본 적도, 준비해 본 적도 없었다. 장교라는 단어조차도 낯설었다. 내가 아는 장교는 고등학교 시절 교련 수업을 가르치던 선생님이 유일했다. 아, 그리고 육군사관학교에 진학한 한 명의 친구. 하지만 그들이 어떤 일을 하는지, 장교가 군 안에서 어떤 책임을 지는 직업인지에 대해선 알지 못했다.

지원서를 내고 선발된 뒤에도 '장교란 무엇인가'에 대해 깊이 고민해 본 적은 없었다. 어차피 아직은 학생이었고, 당장 급한 건 생계였고 학비였으니까. 그러나 시간이 지나고 실제로 훈련을 받고, 부대에 배치돼 부하들을 만나고, 작전을 지휘하며 책임을 져야 하는 상황에 이르렀을 때 비로소 알게 됐다.

"장교란 단지 계급이 아니라, 가장 앞에 서는 사람이다."

가장 먼저 행동하고, 가장 마지막까지 책임지는 사람. 말로만 듣던 '리더십'이라는 말이 뭔지를 몸으로 배우는 시간이었다. 사실 처음에는 두려웠다. 누군가를 지휘한다는 건 단순히 명령을 내리는 일이 아니라는 걸 깨닫는 데는 그리 오래 걸리지 않았다. 한 사람 한 사람의 삶과 책임, 그리고 그들의 안전을 책임지는 위치에 선다는 것. 그 무게는 예상보다 훨씬 컸다. 그때서야 나는 알았다. 왜 장교가 단순한 직업이 아닌지, 왜 장교가 '국가 공무원'이자 '국가를 대표하는 존재'로 여겨지는지.

군대는 모든 게 질서와 규율로 움직이지만 그 속에서도 가장 중요한 건 '사람'이었다. 장교는 그 사람을 이끌고, 보호하고, 함께 움직이는 사람이다. '통솔'이라는 말의 무게를 나는 첫 야간 훈련에서, 첫 보고서 작성에서, 그리고 첫 부하의 실수 앞에서 뼈저리게 느꼈다.

그 무렵 나는 문득 생각했다.

'어릴 적 장래 희망으로 공무원을 썼었지.'

그러고는 혼잣말로 웃었다. 결국 나는 공무원이 되었구나. 그런데 그건 책상에 앉아 민원서류를 다루는 일이 아니었다. 생명과 안보, 책임과 리더십을 다루는 '국방의 공무원'이었다.

"직업은 삶의 수단이기도 하지만, 누군가는 그것을 통해 사명을 완성한다."

장교가 되기 전, 나는 이 일이 나에게 어울릴지조차 몰랐다. 하지만 어느 순간부터 장교라는 직업이 내 안에 자리를 잡기 시작했다. 책임감을 알게 되었고, 희생을 배웠고, 조직 속에서 움직인다는 것의 진짜 의미를 체득했다. 그리고 그 안에서 '자부심'이라는 감정이 생겼다. 처음엔 생존을 위한 선택이었지만, 시간이 흐르며 그것은 내 삶의 정체성이 되었다. 군복을 입은 내 모습이 낯설지 않게 느껴졌고, 부하들의 눈을 마주치며 내가 이끄는 존재가 되었다는 실감이 들었다.

장교가 무엇인지 알기까지는 오래 걸리지 않았다. 하지만 그것을 마음 깊이 받아들이고, 그 무게를 견뎌낼 수 있을 만큼 단단해지기까지는 많은 시간이 필요했다. 그 시간들이 나를 성장시켰고, 내가 누군가의 리더가 될 수 있다는 확신을 심어 줬다. 이제 나는 말할 수 있다. 장교는 단순한 직업이 아니다. 그것은 누군가의 인생을 이끄는 책임이고, 국가를 지키는 헌신이며, 나 자신을 단련시키는 가장 강력한 훈련이었다. 그리고 그 선택은 내 인생에서 가장 '잘 모른 채 시작했지만 가장 후회 없는 결정'이었다.

❹ 입대 전 아빠가 되다

고등학교 시절, 친구의 소개로 한 여자아이를 만났다. 잠깐이었고, 특별한 추억을 남기지도 않은 인연이었다. 그리고 서로 잊고 살았다. 바쁘게, 치열하게. 자취 생활, 등록금 걱정, 하루하루의 생계에 매여 살다 보면 연애 같은 건 늘 후순위였다.

그러던 어느 날, 문득 그 아이가 떠올랐다. 설명할 수 없는 끌림. 외로움 때문이었을까, 아니면 마음 한구석에 묻어 두었던 작은 따뜻함이 다시 불씨가 된 걸까. 이유는 몰라도 다시 만났다. 놀라웠던 건, 그녀도 나를 기억하고 있었다는 것이다. 그 이후의 이야기는 아주 빠르게 흘러갔다. 만남은 서로의 삶에 자연스레 스며들었다.

말로는 표현하지 않았지만 나는 늘 혼자였다. 자취방에서 혼자 밥을 먹고, 아픈 날엔 혼자 끙끙 앓고, 말동무 없이 하루를 마무리하던 그 외로움 속에서, 나도 모르게 '누군가와 함께하고 싶다'는 간절함이 커져 갔던 것 같다. 그리고 그 마음을 그녀가 알아챈 듯했다. 그녀는 내 손을 잡아 줬고, 나는 그 손을 놓지 않았다.

"사랑이란, 불확실한 미래 앞에서도 함께 걸어갈 마음을 결정하는 것이다."

나는 아무것도 가진 것이 없었다. 학생이었고, 군대도 가야 했고, 심지어 장교로서의 7년 복무도 예정되어 있었다. 그 모든 불확실한 조건 속에서도 그녀는 나를 선택해 줬다. 믿어 줬고, 기다려 줬다. 그 믿음은 내가 견뎌 온 그 어떤 것보다 깊고 무거운 울림이었다. 누구나 영화 같은 프로포즈를 꿈꾸지만, 우리의 현실은 달랐다. 반지 대신 떨리는 말 한마디.

"평생 나를 위해 밥 좀 해 줄 수 있겠니?"
"그럼. 매일 밥 지을게."

그녀는 한 치의 망설임 없이 대답했다.
그 한마디로 우리는 함께 살기 시작했다. 정식 결혼식도 없이, 양가에 인사만 드리고 시작한 우리식 학생 부부 생활. 단칸방에서 시작된 두 사람의 동거는 거창하지 않았지만, 소소한 행복이 있었다. 타고 남은 연탄불에 구워 먹는 밤, 아낀 생활비로 캠퍼스 잔디밭에서 먹던 치킨, 우리 보금자리로 함께 손 붙잡고 걷던 논두렁 길.
그리고 얼마 지나지 않아, 그녀는 아이를 가졌다. 처음엔 막막했다.

'내가 지금 아빠가 돼도 괜찮은 걸까?'
'이 삶을 감당할 수 있을까?'

불안함과 책임감이 동시에 몰려왔다. 그러나 신기하게도 마음 한편이 따뜻해졌다. 삶의 무게가 더해졌지만, 방향은 분명해졌다.

"더는 내 몫만의 삶이 아니다."

대학 졸업을 한 달 앞두고 함박눈이 소복이 쌓이던 날, 딸아이가 태어났다. 병원 복도에서 그녀의 첫 울음소리를 들으며 나는 세상을 새롭게 보게 됐다. 아빠가 되었다는 건 인생의 다음 장을 여는 일이었다. 무거웠지만 벅찼고, 두려웠지만 감사했다.

그 행복이 채 식기 전에 입대 명령이 떨어졌다. 딸의 백일도 지나기 전이었다. 아내는 갓 태어난 딸을 품에 안고 시골 시댁으로 향했고, 나는 입대한 첫날 밤, 어두운 침상에서 조용히 눈물을 삼켰다. 함께 있어야 할 시기에 곁을 지켜 주지 못한다는 죄책감, 가족을 남겨 두고 떠나는 미안함. 그것은 군복의 무게보다 훨씬 무거웠다.

"진짜 어른이 된다는 건, 더 이상 나만의 감정으로 살 수 없다는 걸 받아들이는 것이다."

그때 나는 비로소 진짜 어른이 되었다. 그리고 그 어른됨이, 장교로서의 첫 발걸음에도 깊은 책임감을 더해 주었다. 군복을 입기 전부터 나는 이미 누군가의 남편이었고, 아빠였고, 가장이었다. 그 마음은 내 근무 태도를 바꾸었고, 리더십의 본질을 새롭게 알게 해 주었다.

이제 돌아보면 그 시절의 나에게 참 고맙다. 무모했지만 책임졌고, 불안했지만 도망치지 않았다. 아내와 딸이 내게 보여 준 믿음과 사랑이 있었기에, 나는 더 단단해질 수 있었다. 장교가 되는 길은 결코 가벼운 여정이 아니었다. 하지만 내가 그 길에서 끝까지 버틸 수 있었던 건 입대 전, 이미 인생의 가장 중요한 책임을 마주했기 때문이었다.

❺

책임감과 두려움 사이

딸의 작고 따뜻한 손을 처음 잡았던 그날을 잊지 못한다. 그 작은 손이 내 손가락을 꽉 쥐고 있었을 때, 나는 기쁨보다 먼저 두려움을 느꼈다. 이제는 더 이상 나 혼자가 아니라는 현실. 내가 감당해야 할 몫이 달라졌다는 걸 나는 그 짧은 순간에 절감했다.

갓 스물넷, 아직 철저히 준비되지 않은 청년에게 '남편'이라는 이름이, '아빠'라는 역할이 너무 빠르게 찾아왔다. 등록금 걱정으로 숨이 막히던 시절, 갑자기 한 가족의 가장이 되었다. 게다가 장교로 임관을 앞두고 있었다. 군복을 입고 누군가를 지휘해야 하고, 동시에 집에서는 남편으로, 아버지로 살아가야 했다. 이 모든 게 너무 빠르게, 너무 무겁게 나에게 쏟아졌다.

"책임은 성장을 강요하고, 두려움은 그것을 되묻는다."

나에게 그 시절은 성장과 회피의 경계였다. 이 모든 걸 버틸 수 있을까? 도망치고 싶지 않을까? 매일 아침 자취방에서 혼자 눈을 뜰 때마다, 딸의 울음소리를 전화 너머로 들을 때마다 나는 두려움과 싸워야 했다.

군대에 들어간다는 건 단순히 신분이 바뀌는 문제가 아니었다. 계급이 주어지고, 명령을 내리고, 책임을 지는 위치에 서는 것이다. 하지만 나는 아직 내 인생조차 완벽히 통제하지 못하는 사람이었다. 그런 내가 타인의 삶을 이끌 수 있을까? 무수한 생각이 머릿속을 떠나지 않았다.

가장 두려웠던 건, '혹시 내가 실패하면 어떡하지?'였다. 가정을 책임지지 못하면, 부하들을 제대로 이끌지 못하면, 혹시 '아빠로서, 장교로서' 둘 다 무너진다면. 그 생각은 한밤중 침상 위에서 나를 깨웠고, 훈련장에서 내 발걸음을 무겁게 만들었다.

그렇지만 동시에, 책임감이라는 이름의 또 다른 감정이 나를 일으켰다. 포기할 수 없다는 마음, 내가 무너지면 함께 무너질 이들이 있다는 생각. 내가 지키고 싶은 것들이 분명해지자, 그만큼 나 자신도 점점 단단해졌다.

"두려움은 나약함의 증거가 아니라, 진심이 있다는 증거다. 책임을 느끼는 사람만이 두려움을 안다."

처음 부대에 부임했을 때, 나는 겉으로는 당당한 척했지만 속으로는 끊임없이 불안했다. 명령 하나에 수십 명의 삶이 달려 있고, 판단 하나로 상황의 성패가 갈리는 현실. 하지만 동시에 나는 느

겼다. '이 자리가 무섭다면, 제대로 된 시작을 한 거야.'

무책임한 자리에선 두려움도 없다. 그 두려움이 곧 진심이라는 걸, 나는 깨닫기 시작했다.

가끔 주말 외박을 나가면, 시골집에서 딸아이를 만날 수 있었다. 아직 나를 제대로 알아보지도 못하는 아이가 내 품에 안겨 울음을 그칠 때면, 나는 다시 세상이 버틸 만한 곳처럼 느껴졌다. 아내가 조용히 건네는 "괜찮아, 잘하고 있어."라는 말은, 그 어떤 상관의 격려보다 더 큰 힘이 됐다.

그렇게 나는 책임감과 두려움 사이를 오가며, 한 걸음씩 앞으로 나아갔다. 무너지지 않기 위해, 아니 무너질 수 없기 때문에.

"진짜 어른은 두려움 속에서도 앞으로 나아간다. 책임은 그를 앞으로 밀어내는 가장 묵직한 동력이다."

그 시절의 나는 늘 떨고 있었지만, 단 한 번도 멈추지 않았다. 그리고 지금의 나는 안다.

그 모든 떨림과 두려움이, 나를 진짜 어른이자, 진짜 장교로 만들어 주었다는 것을.

사랑은 불장난

"아직 철도 안 들었는데 벌써 결혼을 해?"
"학생이 무슨 애를 키운다고?"
"불쌍한 여자다. 앞날이 안 보이네."

결혼을 알렸을 때, 아이가 생겼다는 소식을 전했을 때, 참 많은 말들이 들려왔다. 걱정이라는 이름을 한 조언부터 노골적인 비아냥까지. 세상은 우리의 결정을 불장난쯤으로 여겼다.

누구보다 치열하게 하루하루를 버티고 있었고, 누구보다 진지하게 가정을 꾸릴 준비를 하고 있었지만, 세상은 우리를 '철없는 커플'이라 불렀다. 주변의 시선은 차가웠고, 가족조차 처음엔 의아해했다. 우리가 선택한 이 삶이 실패로 이어질 거라 확신하는 듯한 눈빛도, 예상보다 훨씬 많았다. 사실, 그런 시선이 서운하지 않았다면 거짓말이다. 하지만 마음속 한구석엔 또렷한 자부심도 있었다.

"사랑은 선택이고, 책임은 그 선택을 지키는 의지다."

우리는 선택했고, 그 선택에 책임지기로 마음먹었다. 누군가는 철없는 결정이라 말했지만, 우리는 누구보다도 진지했다. 다른 친구들이 MT를 가고, 동아리 활동을 하고, 연애를 하고 있을 때 우리는 둘이 함께 월세를 걱정하고, 임신 초기의 변화를 함께 경험했고, 좁은 단칸방에서 작은 밥상을 함께 나눴다.

당시엔 누구에게 자랑할 수 있는 삶이 아니었지만, 나는 지금도 그 시간들이 너무 소중하다. 치기 어린 감정이나 충동이 아니라 외롭고 고단한 현실 속에서 서로가 서로를 지탱해 주고, 삶의 이유가 되어 줬던 시간이었기 때문이다.

딸이 태어난 날, 나는 대학 졸업도 하기 전이었다. 친구들이 졸업 앨범 촬영을 준비하고 취업 걱정을 할 때, 나는 병원 복도에서 태어난 아이를 바라보며 울고 있었다. 내 앞날이 어떻게 펼쳐질지는 몰랐지만, 분명한 것은 그 순간, 나는 '나 혼자만의 인생'에서 완전히 벗어났다는 사실이었다. 그때서야 비로소 '불장난'이라는 말이 왜 그렇게 차가웠는지 알게 됐다. 그 말은 우리가 감당하고 있는 현실을 너무도 가볍게 깎아내리는 말이었다.

"누구보다 진지했기에, 누구보다 오래갈 수 있었다."

시간이 흐르면서 그 시절 우리를 비웃었던 이들 대부분은 우리 삶을 더 이상 입에 올리지 않았다. 현실은 그렇게 조용히 진실을 증명해 준다. 누군가는 결혼 후 아이를 키우며 구너지고, 누군가는 늦은 결혼에도 불안정한 삶에 흔들릴 때 우리는 이미 여러 번의 고비를 지나 있었다.

물론 그 시간들이 쉽지만은 않았다. 아내는 시골에서 혼자 아이를 키우며 시부모님을 모셔야 했고, 나는 군대에서 늘 '가족보다 임무'라는 논리에 따라 움직여야 했다. 주말 면회, 짧은 통화, 사진 한 장으로 서로를 버텨야 했다. 하지만 그런 시간이 쌓이며 우리는 서로를 더 깊이 이해하게 됐다. 그리고 그게 '가족'이었다. 이제는 말할 수 있다. 우리의 선택은 '불장난'이 아니었다. 그건 삶에 대한 가장 단단한 약속이었다.

누구에게도 이해받지 못했던 그 시절이 있었기에 우리는 지금도 서로를 존중하고 있다. 누군가에게는 철없어 보였을 그때의 결정이 지금의 나를 지탱하는 가장 강한 뿌리가 됐다.

"남들이 웃고 지나간 자리에서 끝까지 버틴 사람이 결국 진심이다."

지금 그때를 돌아보면 불안도 있었고 두려움도 있었지만 한 가지는 확실히 말할 수 있다. 우리는 철없지 않았다. 우리는 단지 조금 더 빨리 삶을 진지하게 마주한 사람이었을 뿐이다.

두 개의 전선

군대는 '전장'이라고들 한다. 작전과 임무, 보고와 판단, 체계적인 명령과 복종. 군인에게 군대는 모든 에너지를 쏟아부어야 하는 삶의 최우선이다. 하지만 내게는 또 하나의 전장이 있었다. 군복을 벗는 순간 시작되는 더 치열하고 더 조용한 전선. 바로 가족이었다.

임관 후 나는 본격적으로 장교의 삶을 시작했다. 내게 주어진 부대, 부하, 임무는 결코 가볍지 않았다. 군인의 사명감이란 단어는 더 이상 추상적이지 않았다. 책임은 분명했고, 하루하루가 긴장의 연속이었다. 그 와중에도 내 마음 한편을 쥐고 놓지 않던 이름이 있었다. 아내, 그리고 딸.

입대 전 급하게 혼인 신고를 하고, 아이를 출산한 아내는 시골 부모님 댁으로 내려갔다. 셋이 함께 살아가기에는 너무도 준비되지 않은 삶이었기 때문이다. 봉급은 빠듯했고, 시간은 턱없이 부족했으며, 마음은 늘 미안함과 죄송함으로 가득했다. 딸의 백일도 채 되기 전에 나는 군에 입대했고, 그날부터 나의 삶은 두 개의 전선에서 동시에 싸워야 하는 구조로 바뀌었다.

"군대는 명령으로 움직이지만, 가정은 마음으로 버틴다."

낮에는 장교로서의 임무에 집중했다. 보고서를 쓰고, 훈련을 지휘하고, 부하들의 삶을 책임졌다. 밤이 되어 침상에 누우면 생각은 늘 집으로 향했다. 딸은 잘 크고 있을까? 아내는 외롭지는 않을까? 전화를 걸 수 있는 날이면 몇 분 안 되는 통화 속에서도 "괜찮아."라는 아내의 말이 반복되곤 했다. 그런데 그 "괜찮아." 속에는 수많은 고된 날들이 숨어 있다는 걸 나는 알고 있었다.

군대는 철저하게 분리된 공간이었다. 개인적인 감정이나 사적인 사정이 조직 앞에서는 뒷전이 되기 마련이었다. 가족에게 무슨 일이 생겨도 먼저 챙길 수 없었다. 아이가 아파도, 아내가 눈물 흘려도 내 자리는 늘 부대였다. 그럴 때마다 마음은 찢어졌다. 하지만 외면할 수 없었다. 군인은 개인이 아니라 공적인 존재이기에 나는 늘 부대와 가정 사이에서 갈라지는 마음을 꾹 눌러야 했다.

"사람은 두 자리에 동시에 있을 수 없지만, 두 마음을 동시에 품을 수는 있다."

나는 아내에게 아무것도 해 주지 못하면서 늘 감사했다. 정해진 답이 없는 하루하루를 묵묵히 버텨 낸 아내는 나의 또 다른 전장이자, 내가 돌아가야 할 유일한 후방이었다. 딸아이가 생일마다 불러 주는 "아빠."라는 단어에는 곁에 있어 주지 못해 미안한 내 마음이 고스란히 얹혔다.

가끔 주말 외박이나 휴가를 나가면 딸은 낯을 가리곤 했다. 아빠를 알아보지 못하는 순간은 비수처럼 날아와 가슴을 후벼 팠다. 그럴 때마다 나 자신에게 물었다.

"내가 과연 옳은 선택을 한 걸까?"

하지만 다음 날 다시 부대로 복귀하면 나는 군복을 입은 채 책임 앞에 다시 선다. 그게 내 삶이었다. 두 개의 전선 사이에서, 나는 양쪽 모두를 버리지 않으려 발버둥 쳤다.

"어떤 전선은 총 대신 침묵으로 싸우고, 총탄 대신 눈물로 이겨 낸다."

군대와 가정. 그 두 곳에서 나는 매일 전투를 치렀고, 매일 자신을 다잡았다. 지금 돌아보면, 그 시간은 고통이자 성장이었다. 군인으로서 나라를 지키고 아버지로서 가족을 지키는 그 두 역할 사이에서 진짜 '나'를 찾아갔다. 그리고 알게 됐다. 두 개의 전선을 살아 내는 일은 결코 분열이 아니라, 한 인간이 감당할 수 있는 최고의 깊이와 무게라는 것을.

군인의 삶

 군복을 입는 순간, 나는 하나의 약속을 했다. 개인보다 조직을, 사적인 일보다 공적인 임무를 우선한다는 것. 그 말은 곧 삶의 우선순위를 바꾸는 일이었다. 하지만 그 약속이 단 한 번의 결심으로 완성되는 게 아니라는 걸 군인의 삶을 살면서 천천히 깨달아 갔다. 각오는 '선언'이 아니라 '스며드는' 것이었다.
 임관 초기는 정신없이 흘러갔다. 부대에 배치받고, 각종 보고 체계와 업무 흐름에 익숙해지느라 하루가 짧았다. 부하들을 파악하고, 작전과 훈련을 준비하며 때론 실수도 하고 질책도 받았다. 그러는 사이 군대는 단순한 일터가 아닌 '삶 그 자체'가 되어 갔다. 군복은 출퇴근 때만 입는 유니폼이 아니라, 내 인생의 중심축이 되었다.

 "군인은 사명을 직업으로 가진 사람이다."

 그 사실이 마음에 와닿기까지 많은 시간이 걸렸다. 군대는 예측

이 없는 곳이다. 새벽에도, 주말에도, 가족의 일이 생겨도 무슨 일이든 '즉시 출동'이 원칙이었다. 나는 여러 번, 딸의 생일 케이크에 촛불조차 불지 못한 채 부대로 복귀해야 했고, 아내가 감기 몸살로 쓰러졌다는 전화를 받으며 회의실에 앉아야 했다.

한편으론 죄책감이 들었고, 또 한편으론 흔들리지 않아야 한다는 자기최면도 걸어야 했다.

"나는 군인이니까."

그 말은 때로 내게 칼이 되었고, 때로는 방패가 되었다. 하지만 시간이 흐르면서 내 안에는 자연스럽게 '각오'가 자리 잡기 시작했다. 누가 시켜서가 아니라 내 스스로 깨닫기 시작했다. 이 직업은 내 가족뿐 아니라 이 나라의 수많은 가족을 지키는 일이라는 것. 그 책임이 무거울수록 나는 더 단단해져야 했다.

"희생 없는 사명은 없고, 각오 없는 책임은 흔들린다."

나는 언젠가부터 업무의 강도를 탓하지 않게 됐다. 부대원 한 명의 실수도 내 책임처럼 여겨졌고, 사소한 일 하나도 허투루 넘기지 않으려 애썼다. 그런 태도는 주변에도 전파됐다. 부하들은 내 모습을 보고 더 움직였고, 상관들은 내 진심을 믿어 줬다. 나는 직급이 오르기 전부터 '리더'로서 살아가고 있었던 셈이다.

특별히 거창한 계기는 없었다. 단지 매일매일의 반복 속에서, 나는 '군인으로서의 나'와 '사람으로서의 나'를 조율하며 살아갔다. 그러는 사이, 각오는 말이 아닌 습관이 되었고, 그 습관은 결국 나라는 사람의 '태도'가 되었다.

퇴근길, 집으로 돌아와 군복을 벗을 때도 마음은 여전히 긴장 상태였다. 비상 상황이 언제든 다시 불러낼 수 있다는 걸 알기에, 나는 언제나 대비돼 있었다. 그 상태가 익숙해졌고, 그것이 곧 '군인의 일상'이었다.

"각오는 단단한 마음이 아니라 익숙함이 만든 책임감이다."

나는 그렇게 어느 순간부터 '사명'을 입고 살아가고 있었다. 그 사명은 거창한 구호가 아니라 매일의 일과를 성실히 마치고, 한 사람 한 사람을 놓치지 않으려는 진심으로 이어졌다. 지금 돌아보면 군인의 삶은 나를 더 깊게 만들었다. 단지 복무한 시간이 아니라 나라는 인간이 다듬어진 시간이었다. 무수한 외침과 침묵, 충성의 맹세와 눈물의 밤이 있었고 그 모든 순간이 '군인의 각오'라는 이름으로 내 삶에 스며들었다.

그리고 나는 지금도, 그 각오를 잊지 않고 살아가고 있다. 군복은 벗었지만 내 삶엔 여전히 그 각오가 배어 있다.

군대는 내 사명이었다

몸으로 증명한 군인의 자세

❶

솔선수범

장교가 되는 첫걸음에서 나는 한 가지 분명한 교육을 받았다.
"장교는 언제나 솔선수범해야 한다."

처음엔 그 문장이 단순한 구호처럼 들렸다. 하지만 막상 실무에 들어가 보니, 그 말의 무게는 단순하지 않았다. 말로 하는 리더십은 누구나 말할 수 있지만, 행동으로 보여 주는 리더십은 누군가 반드시 감당해야 하는 것이었다. 그 역할을 내가 하겠다고 결심한 순간부터, 내 위관장교 시절은 그렇게 시작됐다.

나는 어떤 일이든 '먼저 해 보는 것'이 원칙이었다. 지시를 내리기 전에, 보고를 받기 전에 직접 해 봐야 알 수 있다는 신념이 내 안에 자리 잡았다. 눈으로 보고, 냄새를 맡아 보고, 손으로 만져 보고, 귀로 듣고. 그 현장에 있어 봐야 그 일의 실체를 알 수 있었다. 위에서 내려온 지침만 가지고는 현장의 숨소리까지 읽을 수 없었다. 보고서에 적히지 않는 문제의 해답은 언제나 현장에 있었다.

하기 싫은 일, 귀찮은 일, 누군가는 해야 할 일.

그런 일일수록 나는 더 먼저 나섰다. 오히려 누가 시키는 일보다 내가 먼저 해야 의미가 있다고 믿었다. 처음엔 "중위가 왜 이런 걸 해요?"라는 말도 들었지만, 그런 시선에 연연하지 않았다. 내 방식은 딱 하나였다.

"내가 해 봐야 부하에게 시킬 수 있다."
"진짜 리더는 앞에서 끌어가는 사람이지, 뒤에서 지켜보는 사람이 아니다."

어느 날, 병사들이 막사 내 위생 상태 문제로 어려움을 겪는다는 이야기를 들었다. 실무자는 단순한 청소 문제라고 말했지만, 나는 그 말만 믿지 않았다. 야간 근무를 마친 후 혼자 막사 한 구석을 둘러봤다. 생각보다 상황은 심각했다. 곰팡이 냄새, 환기 안 되는 구조, 낡은 시설. 겉으로는 정리돼 있어도, 실제 근무환경은 병사들에게 결코 편한 공간이 아니었다.
다음 날 아침, 구석구석 피어 있는 곰팡이를 없애고, 새로 페인트를 칠했다. 나는 병사들과 함께 행동을 같이했다. 기합도, 지시도 없이 그냥 같이 쓸고 닦았다. 그날 이후 분위기가 바뀌었다. 내가 먼저 땀을 흘리니 병사들도 스스로 움직였다. 말이 필요 없는 순간이었다.
그게 바로 내가 믿는 방식이었다. 보고서로는 절대 해결되지 않는 일이 현장에서는 금방 해결책이 보였다.

"현장에 답이 있다."

이 말은 단순한 구호가 아니라 내가 몸으로 익힌 진리였다. 형식적인 일처리, 보여 주기식 행사, '했다 치고' 넘어가는 관행. 그런 것들이 나는 정말 싫었다. 일은 말로 하지 않았다. 내 손이 먼저 움직여야 조직도 움직인다. 그래서 나는 늘 현장에 있었다. 훈련이 시작되면 가장 먼저 땀을 흘렸고, 종검이 시작되면 가장 먼저 장화를 신었다. 그런 나를 보고 병사들은 점점 마음을 열었다.

"권위는 계급에서 나오는 것이 아니라 행동에서 나온다."

위관장교 시절, 나는 이 말이 사실임을 몸으로 느꼈다. 위험하더라도, 힘들더라도, 내가 먼저 하면 따라오는 사람들이 생겼고, 그들이 나를 '상관'이 아니라 '리더'로 보기 시작했다. 그 시절의 나는 두려움보다 책임이 컸고, 피로보다 사명이 앞섰다. 내가 장교가 된 이유는 단순히 생계를 위한 것이었지만 현장에서 내 손으로 삶을 바꾸는 경험을 하면서 그 직업은 곧 내 사명이 되었다.

지금 생각해 보면 그때의 나에겐 투지가 있었다. 그리고 그 투지는 '시키지 않아도 먼저' 움직이는 행동으로 드러났다. 그 습관은 지금도 내 안에 남아 있다. 누구보다 먼저, 가장 아래에서, 가장 가까이에서 보는 것. 그것이 내가 배운 리더십이자 지금의 나를 있게 한 원칙이다.

❷
상관의 믿음, 부하의 신뢰

 장교로서 내게 가장 깊게 새겨진 시간 중 하나는 최전방 GOP 중대장으로 근무하던 시절이다. 그곳은 단지 근무지 이상의 의미였다. 철책선 하나를 사이에 두고 마주한 현실은 늘 긴장 그 자체였고, 그 속에서 리더란 무엇인지, 신뢰란 무엇으로 얻어지는지 매일 체험하며 배워야 했다.
 그 지역은 6·25 전쟁 이후로도 수십 년간 제대로 관리되지 못한 미확인 지뢰 지대가 널려 있었고, 기존의 전투진지는 대부분 사장되거나 퇴락한 상태였다. 즉, 유사시 대응할 수 있는 전투 기반이 턱없이 부족했다. 겉으로는 평화로워 보이지만, 내면은 위태로운 곳. 그게 내가 지휘하던 지역의 실상이었다. 새로 부임한 사단장님은 회의 때마다 말했다.

 "선배 전우들이 구축해 놓은 사장된 진지를 찾는 일은 후배 전우의 책임이다."

그 말은 단순한 강조가 아니었다. 그분은 실제로 그 일을 중요하게 여겼고, 기대도 컸다. 하지만 어느 누구도 그걸 실제 행동으로 옮기려 하진 않았다. 이유는 단순했다. 기확인지뢰 지대. '언제 어디서 터질지 모른다'는 두려움이 당연히, 그리고 강하게 사람들을 움츠러들게 했다. 사실 그건 인간으로서 자연스러운 반응이었다.

그래서 내가 그 일을 하겠다고 했을 때 주변 사람들은 고개를 저었다. "미쳤다."라는 말도 들었다. "굳이 그걸 왜 네가 하냐."라며 선배 장교들이 만류하기도 했다. 하지만 나는 멈출 수 없었다. 그건 단순한 명령 이행이 아니라, '내 작전 지역을 내 손으로 지킨다'는 책임감에서 비롯된 선택이었다. 나는 부하들 앞에서 조용히 말했다. 이 일의 의미, 위험, 그리고 필요성. 명령이 아니라, 공감으로 시작해야 한다는 걸 알았기 때문이다.

"군대는 명령으로 움직이지만 신뢰로 버틴다."

그 말은 단순한 교훈이 아니라 내가 믿는 실전 원칙이었다. 사전에 수차례 안전 조치를 하고, 미확인 지뢰 발굴 동선을 설정하고, 부하들과 함께 현장을 탐색하며 우리는 매일 조금씩 그 땅을 걷기 시작했다. 두려움은 당연한 것이었다. 하지만 으리가 왜 이 일을 해야 하는지, 누구도 하지 않으려는 이 일을 왜 우리가 선택했는지 그 의미가 점점 대원들의 가슴에 자리 잡기 시작했다. 매일 아침, 부하들의 눈빛이 달라졌다. 처음엔 불안이었지만, 나중엔

결연함이었다.

"믿음은 말이 아니라 함께 위험을 감수할 때 생긴다."

한 달 가까이 진행된 사장 진지 발굴 작전. 생각보다 성과는 컸다. 기존에 사장된 진지들이 복구되었고, 그것은 상급 부대의 시찰 코스가 되었다. 하지만 그보다 중요한 건 내 부하들이 나를 믿었다는 것, 그리고 나 또한 그들을 믿을 수 있었다는 것이었다.

그 후, 내 책임지역에선 '다단계 전투'가 말뿐이 아닌 실제 작전으로 가능하다는 평가를 받았다. 그 결과는 누가 만든 것이 아니라 상관의 믿음과 부하의 신뢰 사이에서 나와 우리 부대가 함께 만들어 낸 값진 성취였다.

상관은 내게 기회를 줬고, 나는 그 신뢰에 행동으로 답했고, 부하들은 두려움 속에서도 나를 따라와 줬다. 이 과정을 겪으며 나는 깨달았다. 진짜 군대는 명령보다 신뢰로 굴러간다. 위에서 믿어 주고, 아래에서 따를 수 있어야 그 조직은 위기 속에서도 흔들리지 않는다.

그리고 그 모든 시작은 리더 한 명의 결심이었다. 내가 먼저 하겠다는 단순하지만 절실한 다짐 하나. 그것이 위에서 믿음을 낳았고, 아래에선 신뢰를 만들었다. 그날 이후, 나는 결코 '혼자'가 아니었다. 그리고 그 사실이 군대라는 조직 속에서 나를 가장 강하게 만들어 준 자산이었다.

❸
가족보다 우선이었던 부대

누군가는 묻는다.

"가족보다 부대가 먼저였다고요?"

나는 조용히 고개를 끄덕인다. 그건 사랑의 우열이 아니라, 선택의 우선순위였다.

나는 군인이었다. 그리고 그건 내가 선택한 길이었다. 누군가의 명령도, 운명도 아닌 스스로의 결정이었다. 그 선택에는 대가가 따랐다. 그 대가 중 하나는, 가족의 자리를 늘 한 칸 뒤로 미뤄 두는 일이었다. 군대는 외부와는 시간 개념이 다르다. 아침 6시는 엄연한 시작이고, 밤 10시는 업무의 끝이 아니다. 밤샘은 일상이고, 낮에 퇴근한다는 개념은 희귀한 풍경이 됐다.

비상 상황이 생기면 가족에게 "미안하다."라는 한마디만 남기고 다시 부대로 향해야 했다.

아내의 생일, 아이의 학예회, 할아버지의 장례식. 내가 함께 하지 못한 순간들은 셀 수 없이 많다.

"군인의 삶은 공과 사의 경계를 지우는 훈련이자 숙명이다."

어느 날 탈영병이 발생하여 조사를 받고 있었다. 설상가상으로 시골에 계신 할아버지가 돌아가셨다는 연락을 받았다. 하지만 참석할 수 없었다. 부모님은 "괜찮아, 할아버지도 이해 하실 거야."라고 다독였지만 그 뒤에 쌓여 있는 쓸쓸함을 나는 모를 수 없었다.

가족보다 부대가 좋아서가 아니었다. 그저 군대라는 조직은 내게 '선택했으니 책임지라'는 방식으로 나를 이끌었고, 나는 그 책임을 외면하지 않았다. 그 일에는 분명 사명감이 필요했고, 나는 그걸 받아들였다.

"선택한 책임엔 변명할 수 없다."

이 말은 내 위관 시절부터 늘 마음에 새기고 살았다. 나는 가정을 등한시한 적 없다. 다만 내가 해야 할 일의 순서를 정해야 할 때 늘 부대가 먼저였을 뿐이다. 그건 냉정한 계산이 아니라 나 자신과의 약속이었다.

밤샘 회의, 훈련장 점검, 위기 대응 문서 작성. 이런 일들이 계속 반복되다 보니 어느새 부대에 늦게까지 남아 있는 게 익숙해졌다. 처음엔 주변에서도 "왜 이렇게까지 하냐."라고 했지만, 이제는 아무도 이상하게 여기지 않았다. 모두가 알고 있었다. 내가 그 자리를 지키지 않으면, 누군가가 대신 지켜야 한다는 것.

그리고 나는 그 '누군가'가 되기로 한 사람이었다.

가끔은 미안했다. 아내에게, 아이에게, 가족들에게. 하지만 내가 지켜야 했던 또 다른 가족들(내 부하들, 내 부대, 내 임무)을 위해 나는 스스로를 뒤로 밀어야 했다. 그리고 지금, 그 선택을 후회하지 않는다.

"진짜 사랑은 부재중에도 책임을 다하는 마음이다."

나는 늘 집으로 돌아갈 수 없었지만, 그렇기에 더 단단하게 가족을 사랑하려 애썼다. 편지 한 장, 짧은 통화, 휴가 하루가 내게는 누구보다 소중했고, 그 시간만큼은 어느 누구보다 진심이었다. 내가 부대를 가족보다 우선한 것은 군인이었기 때문이 아니라 책임 있는 어른이 되고 싶었기 때문이다.

군복은 단지 옷이 아니라 각오였다. 그리고 그 각오는 내 인생 전체에 '누구를 먼저 책임질 것인가'를 묻는 질문이었다. 나는 그 질문 앞에서, 부대를 택했다. 그리고 가족은, 그 선택을 믿어 주고 버텨 준 나의 가장 깊은 울타리였다.

❹
사소한 업무도 목숨처럼

"디테일은 위대함을 만들고, 꾸준함은 비범함을 만든다."

군 생활을 하며 수없이 되뇌었던 문장이다. 말로는 쉬워 보여도 현장에서 그 무게를 진짜로 실감한 순간들은 대부분 위기 직전이었다. 작고 사소하다고 여긴 것들이 예기치 않게 균열을 내고, 그 균열이 누군가의 생명과 안전을 위협하는 장면들을 겪으면서 나는 확실히 배웠다. 작은 건 결코 작지 않다.

군대는 본질적으로 '준비'의 조직이다. 전쟁이 없는 시기에도 끊임없이 전쟁을 가정하고, 위기를 훈련하고, 반복적으로 점검하는 이유는 단 하나다. 언제든 '혹시'가 현실이 될 수 있기 때문이다.

"훈련은 실전처럼, 실전은 훈련처럼."

이 정신이 뿌리 깊게 스며들어야 조직이 위기 앞에서도 무너지지 않는다. 사단 작전장교로 근무하던 시절, 나는 그 말의 실체를 온몸으로 경험했다. 당시 부대는 장애물 거부 시설 설치 훈련 중이었다. 적의 접근을 저지하기 위한 방어 시설에 실제 폭약을 장전하던 중, 나는 파이프 한 곳에서 미세한 파손을 발견했다. 내용물이 아주 소량 흘러나오고 있었지만 기능엔 문제가 없어 보였다. 현장에선 "이 정도면 괜찮다."라는 반응이 많았다. 사실 나 역시 한순간 망설였다.

'정말 이걸 문제 삼아야 할까?'

'괜히 더 일을 크게 만드는 건 아닐까?'

그러나 단 한순간의 불편함을 무릅쓰지 않으면 나중에 더 큰 대가를 치러야 한다는 걸 나는 알고 있었다. 군대에서 '어제 괜찮았으니까 오늘도 괜찮겠지.' 하는 생각은 가장 위험한 것이다. 나는 전체 장비를 재점검하자고 결정했다. 처음엔 2~3일이면 끝날 줄 알았다. 하지만 점검은 일주일 이상 이어졌고, 충격적인 결과가 드러났다. 동일한 파손 현상이 여러 곳에서 반복되고 있었던 것이다.

결함은 자재의 문제였다. 파이프가 납품 당시부터 기준보다 미세하게 약했으며, 장시간 매설되며 내구성이 더 떨어진 상태였다. 폭약 장전 시의 미세한 충격조차 감당하지 못한 것이었다.

만약 이 문제가 실전 중에 발생했다면? 상상만 해도 끔찍했다. 피해는 단순한 장비 손실이 아니었을 것이다. 부대원들의 생명과 작전 전체의 성공이 그 사소한 파이프 하나에 달려 있었던 것이다.

나는 고민 끝에 이 사실을 즉시 보고했다. 솔직히, 두려웠다. "왜 이걸 이제야 알았느냐.", "관리 소홀이 아니냐." 하는 질문이 돌아올 게 뻔했다. 자칫하면 책임을 뒤집어쓰게 될 수도 있었다. 하지만 나는 숨기지 않았다. 내가 책임질 일이라면 떳떳하게 감당하자는 마음이었다. 보고 이후, 부대는 자재 전면 교체를 결정했고, 나는 내부 보고서를 작성하며 상급 부대에 공식 건의까지 올렸다. 그 결과 추후 전체 부대의 자재 기준을 재점검하는 계기가 되었다.

그 과정에서 박수를 받은 것도, 큰 포상을 받은 것도 아니었다. 오히려 몇몇 사람들은 "괜히 판 키웠다."라고 수군거렸다. 하지만 그 순간만큼은 '내가 진짜 군인으로 살아가고 있다'는 자존심이 있었다. 보이지 않는 위험을 사전에 걸어 내는 것, 그게 진짜 준비고, 진짜 책임이었다.

위기는 늘 예고 없이 오지만, 징후는 늘 있다. 리더는 그 징후를 외면하지 않는 사람이어야 한다. "사소하다."라는 말 뒤에 숨어 있는 수많은 리스크를 알아차리는 예민함, 그걸 귀찮게 여기지 않고 끝까지 파고드는 끈질김, 나는 그걸 '군인의 태도'라고 믿는다.

그 일 이후로, 나는 어떤 작업이든 늘 처음부터 다시 묻기 시작했다.

"이건 정말 문제없다고 말할 수 있는가?"
"지금은 괜찮지만 내일도 괜찮을까?"

그리고, "지금 이 일에 나는 진심인가?" 지금도 많은 후배 장교들이 나에게 묻는다. "선배님, 요즘처럼 빠른 시대에 그런 디테일까지 다 챙겨야 합니까?" 나는 조용히 말해 준다.

"디테일은 보여 주기 위한 게 아니다. 그건 너 자신이 얼마나 진심인지를 증명하는 방식이다."
"사소한 일에 목숨 거는 사람만이 진짜 목숨 걸 상황에서도 흔들리지 않는다."

그게 내가 22년 동안 배운 리더십의 본질이다. 그리고 지금은 제복을 벗었지만, 그 마음만큼은 단 한 번도 벗은 적 없다. 작은 건 작지 않다. 사소한 업무 하나를 목숨처럼 다루는 자세, 그것이 결국 조직을 지키고 사람을 살린다. 나는 그 진리를 잊지 않으려 한다. 그리고 앞으로도 그 신념으로 살아가려 한다.

❺
부대는 나의 전부

돌이켜 보면 내 20대 중반부터 40대 중반까지의 시간은 오롯이 부대 중심의 삶이었다.

계절이 바뀌는 것도, 명절이 다가오는 것도, 아이의 성장도 모두 부대의 일정과 작전 상황이 결정한 후에야 내 스케줄에 포함되었다. 군복을 입고 있었던 그 22년 동안 나는 단 한 번도 일과 삶을 분리한다는 생각을 해 본 적이 없다. 왜냐하면 내게 군대는 직장이 아니라 삶 그 자체였기 때문이다.

언젠가 한 부하가 훈련 도중 조심스럽게 물은 적이 있다.

"중대장님, 가족이랑 시간은 좀 보내세요?"

나는 웃으며 대답했다.

"내 가족도 소중하지만, 지금 이 순간엔 네가 더 소중하다."

그 말은 위로가 아니라 진심이었다.

"진짜 책임은 선택이 아니라 무게로 증명된다."

그리고 내가 짊어진 책임의 무게는 언제나 부대를 향해 있었다. 누구보다 일찍 출근했고, 누구보다 늦게 퇴근했다. 퇴근 후에도 상황병에게 연락을 남기고, 비상 연락망을 확인하는 일은 일상이었다. 평일은 말할 것도 없고, 주말이나 명절에도 비상사태가 발생하면 망설임 없이 제일 먼저 부대로 달려갔다.

가끔은 나 스스로도 생각했다. '이렇게까지 해야 하나?' 하지만 곧바로 다시 마음을 다잡았다. 내가 지휘하는 이 부대가 손을 놓는 순간, 흔들릴 수 있다는 생각이 들었기 때문이다. 부대는 나의 책임이었고, 책임은 곧 나의 존재 이유였다. 병사 한 명이 다치면 가슴이 철렁 내려앉았고, 행정 누락 하나에도 밤새 보고서를 다시 쓰며 자책했다. 나 스스로를 혹사하는 줄 알면서도 그렇게 하지 않으면 안 됐다.

누군가는 말한다.
"그건 조직이 너를 그렇게 만든 거야."
맞다. 그럴지도 모른다. 하지만 더 정확히 말하면, 나는 그 조직을 내 '삶의 이유'로 받아들였던 사람이다.

"군인은 전쟁이 없어도 매일 싸우는 사람이다. 싸움의 대상은 타인이 아니라, 스스로의 기준이다."

내 부대, 내 병사, 내 작전. 그 모든 것에 대해 나는 "최선을 다했다."라는 말로는 부족한 무게로 살아 냈다. 누가 시켜서가 아니라, 내가 스스로 택한 자리였고, 그 선택에 부끄럽지 않으려 했을 뿐이다.

가끔은 아내가 농담처럼 말했다.

"당신은 가족보다 부대가 먼저야."

그 말에 대답하지 못한 적이 많다. 맞으니까. 하지만 내가 가족을 사랑하지 않았던 건 아니다. 다만 그 사랑을 표현할 여유보다 지켜야 할 자리에서 버티는 책임감이 앞섰을 뿐이다. 부대는 내 모든 일상의 기준이었다. 기쁨도, 슬픔도, 성장도, 실패도 모두 군복을 입은 채 겪어 냈다. 어쩌면 너무 군대에 나를 맞춰 살았을지도 모른다. 하지만 나는 그걸 후회하지 않는다. 부대는 내게 일을 준 곳이 아니라, 사람으로 살게 해 준 곳이었다. 이름 석 자, 계급 하나로 살아가는 동안 나는 비로소 '무게 있게 살아간다는 것'을 배웠다.

그리고 지금, 군복을 벗은 지금도 그 무게감은 내 몸 깊숙이 남아 있다. 부대는 내 전부였다. 그래서 나는 지금도, 그 시간들을 '후회'가 아니라 '자부심'이라 부른다.

인정의 무게

"열심히 하면 언젠가는 알아줄 거야."

어릴 때부터 수도 없이 들었던 말이다. 그래서 나는 그렇게 믿었다. 조용히, 묵묵히, 성실하게 하면 언젠가 누군가가 반드시 알아줄 거라고. 그리고 그 믿음 하나로 군인의 삶을 버텨왔다. 명확한 규율과 계급, 지시 체계 속에서 돌아가는 조직이다. 하지만 그 안에서 진짜 리더로 살아남기 위해선, 단순히 주어진 일만 해선 안 된다. 스스로 판단하고, 알아서 움직이고, 앞서 준비할 수 있어야 했다.

"군대의 일이라는 게, 하고자 하면 끝이 없고, 놀고자 하면 할 일도 없다."

내가 군 생활 내내 품었던 문장이다. 눈앞에 주어진 임무만 해도 하루는 흘러간다. 하지만 나는 늘 그 '다음'을 준비했다. 오늘의 일이 끝났다고 해서 하루를 마무리하지 않았다.

내일 생길 문제를 미리 그려 보고, 예상 리스크를 시나리오로 풀어 보고, 정비가 끝난 장비도 다시 한 번 눈으로 확인하고 손으로 만져 봤다.

사무실 불이 꺼지지 않은 밤이 많았다. 작전이 끝난 뒤, 부하들이 퇴근한 조용한 부대 안에서, 홀로 컴퓨터 앞에 앉아 PPT 한 장, 보고서 한 줄을 다시 정리하던 순간들. 잠을 줄이더라도, 책임만큼은 줄이지 않겠다는 각오였다.

"또 밤샌 거야? 그렇게까지 할 필요는 없잖아."

"역시 황 대위야. 알아서 척척하네."

처음엔 그냥 지나가는 말처럼 들렸지만 그 말 속에 '당신은 늘 그렇게 해 줄 사람'이라는 기대가 서려 있다는 걸 금방 알게 됐다. 그게 바로 인정이었다. 인정은 그저 칭찬이 아니었다. "수고했어요."라는 말 한마디가 아니라, '당신은 책임질 줄 아는 사람'이라는 조용한 낙인이었다.

그리고 그 무게는 생각보다 묵직했다. 인정을 받는다는 건 앞으로도 실망시키지 말라는 의미이기도 했다. 다른 사람은 80을 해도 괜찮지만, 나는 언제나 100 이상을 해야 '당연한 수준'처럼 여겨졌다. 처음엔 뿌듯했다. 내가 만들어 낸 신뢰라는 걸 알았기에. 하지만 그 신뢰는 곧 지켜야 할 부담감이 되고, 누구보다 더 나서야 하고, 더 일찍 일어나야 하고, 더 늦게까지 남아 있어야 하는 기준선이 됐다.

'이쯤이면 충분하겠지'라는 생각을 해 본 적이 없다. 늘 조금 더.

혹시라도 실망을 줄까 봐, 그 기대를 무너뜨릴까 봐

"인정은 결과가 아니라, 쌓인 습관이 만든다."

누군가는 한 번의 성과로 기억되지만, 나는 수십 번의 반복된 행동으로 기억되는 사람이 되고 싶었다. 성실과 일관성, 조용한 준비, 계획 너머의 시나리오. 그건 누가 시켜서가 아니라 내가 택한 방식이었다.

'리더는 보여 주지 않아도 책임지는 사람이어야 한다.'

그 철학이 내 일상을 지배했다.

하지만 인정의 무게는 어느 순간, 나를 피곤하게 했다. 한 번 기대에 부응하면, 두 번, 세 번은 '기본값'이 되었고 조금만 평소보다 늦어도 "오늘은 왜 그래요?"라는 말이 날아왔다.

노력은 평준화되고, 실수는 배로 증폭됐다. 어떤 날은 혼자 이런 생각을 했다.

'이젠 좀 내려놓아도 되지 않을까?'

'나도 그냥 적당히 하고 퇴근하고 싶다.'

하지만 그 마음을 오래 붙잡지 못했다. 내가 만든 신뢰를 내가 저버리는 건, 나 자신을 실망시키는 일이었기 때문이다. 진짜 인정은, 박수가 아니라 다음을 기대하게 만드는 신뢰다. 그리고 그 신뢰는 노력에서만 나오는 게 아니라, 어떤 상황에서도 '같은 사람'으로 남을 수 있는 일관성에서 나온다.

그래서 나는 내 방식대로 살아왔다. 크게 드러나지 않더라도, 말보다 결과로 말하고, 누가 보든 보지 않든 내 자리에서 할 일을 묵묵히 다하는 것. 그게 군인으로서, 리더로서 내가 택한 태도였다.

지금 나는 군을 떠났다. 하지만 그때의 습관과 자세는 지금의 나를 만들고 있다. 강의를 준비할 때도, 누군가의 전직 상담을 맡을 때도, 작은 실수 하나도 그냥 지나치지 않으려 한다. '언제나 믿고 맡길 수 있는 사람'이라는 신뢰는 과거의 계급이 아니라, 지금 내가 보이는 태도에서 다시 만들어지는 것이기 때문이다.

나는 앞으로도 인정보다는 책임을 먼저 생각할 것이다. 박수보다 습관, 드러남보다 쌓임을 더 믿는다. 그게 내가 살아온 방식이고, 앞으로도 살아갈 방식이다. 그리고 언젠가 누군가가 내게 다시 묻는 날이 올 것이다.

"그땐 어떻게 그렇게 꾸준히 해낼 수 있었어요?"

나는 조용히 웃으며 말하고 싶다.

"인정을 받고 싶었던 게 아니에요. 그저 내가 만든 신뢰를, 내가 먼저 무너뜨리고 싶지 않았을 뿐이에요."

❼ 남들보다 더, 항상 더

군 생활을 돌아보면 내 삶을 지탱해 온 건 대단한 철학도, 특별한 재능도 아니었다. 단 하나, 스스로에게 내린 약속이다

"남들보다 더, 항상 더."

그 말은 내게 주문 같았다. 무엇을 하든, 어디에 있든, 늘 그 기준으로 나를 밀어붙였다. 누가 시켜서가 아니라, 내가 택한 자리에서 그만큼은 해야 한다고 믿었기에. 군대는 명확한 기준이 존재하는 조직이다. 지시받은 대로만 해도, 규정만 잘 지켜도 어느 정도의 성과는 나온다. '지시 충실'만으로도 평타는 칠 수 있는 시스템. 하지만 나는 그 선에서 멈출 수 없었다.

'정해진 만큼이 아닌, 내가 납득할 만큼.'

내 기준은 늘 그랬다. 누군가에게는 지나치고, 때론 피곤하게

느껴졌을지 모른다. 하지만 내가 만족하지 않으면 불안했다. 대충 하고 넘어가는 게 익숙하지 않았다. 결국 '남들보다 더, 항상 더'는 내가 나 자신에게 지키고 싶었던 최소한의 자존심이자, 신뢰였다.

전투 장비 지휘 검열을 앞둔 어느 날이었다. 연대장님이 이렇게 말씀하셨다.

"이번엔 출신, 소속 다 묻지 않고 블라인드 평가 할 거다. 진짜 공정하게 간다."

솔직히 믿기지 않았다. 군대라는 조직 안엔 늘 말하지 않아도 통하는 암묵적 관행과 흐름이 있었다. '공정하게 하겠다'는 선언이 늘 공정한 결과를 보장하진 않았다. 하지만 나는 생각을 바꿨다.

'그래, 이럴 때일수록 더 해야지. 남들보다 더. 항상 더.'

그때부터 밤낮이 없었다. 정비 도구 하나하나 먼지를 닦고, 조이고, 기름칠하고, 정렬하고. 수천 개의 부품을 내 손으로 점검했다. 누구보다 먼저 일어나고, 가장 늦게까지 남았다. 부대 간부들은 물었다.

"그 정도까지 할 필요 있어요?"

그럴 때마다 나는 조용히 웃으며 대답했다.

"나는 그렇게 안 하면 불안한 사람이에요."

내 성격이 원래 그랬다. '그 정도면 됐지'라는 말을 나 자신에게 허락한 적이 없었다. 조금 더. 한 번 더. 더 꼼꼼하게. 더 철저하게. 검열 당일, 긴장이 온몸을 타고 흐르던 그 순간. 평가관이 장비를 하나하나 살피며 고개를 끄덕였다. 그리고 내게 말했다.

"와…… 비교가 안 되네요. 정말 보이지 않는 곳까지 철저하게 준비가 잘됐습니다."

그 말 한마디면 충분했다. 누가 알아주지 않아도, 나는 알아챘다. 이 일이 얼마나 공들인 결과인지를, 얼마나 많은 시간과 땀이 쌓여야 이 수준이 나오는지를. 결과는 '전투 장비 지휘 검열 최우수 중대.' 영광스러운 이름이었다. 하지만 그보다 더 값졌던 건 그 결과를 '정당하게 받아도 되겠다'는 내 확신이었다. 부끄럽지 않았다. 누구보다 치열하게 준비했고, 단 한 가지도 놓치지 않으려 했으니까.

"비범함은 특별한 재능에서 나오는 게 아니다. 사소한 일에 '더'를 붙이는 태도에서 시작된다."

한 리더십 강의에서 들었던 말인데, 정말 그랬다. 비범해 보이는 결과는 결국 평범한 일에 조금씩 '더'를 쌓아 올린 사람의 결과였다.

"남들보다 더, 항상 더."

그 말은 때론 나를 고독하게 만들었다. 몰라도 괜찮은 실수에

예민했고, 알아주지 않는 노력에 서운하기도 했다. 누가 챙겨 주지 않는 시간에 혼자 고민하고, 스스로 시험에 들고, 그걸 또 이겨 내야 했다. 하지만 내가 끝까지 붙잡았던 건 단 하나, 내가 떳떳한가? 그 질문 앞에 나는 늘 고개를 들 수 있어야 했다. 그리고 그게 나를 만들어 줬다. 어쩌면 이 말은 군인이라는 신분을 벗고 나서도 여전히 나를 지탱하는 원칙인지 모른다. 지금도, 강의를 준비할 때, 누군가의 커리어를 상담할 때, 나는 늘 스스로에게 다시 묻는다.

"이 정도면 됐는가?"
그리고 항상 답한다.

"조금 더. 한 번만 더."

이 삶이 모두에게 맞는 방식은 아닐 것이다. 하지만 이 방식이 내 삶을 버티게 했다. 신뢰는 말이 아니라 꾸준한 태도에서 생기는 것임을, 리더십은 목소리가 아니라 보이지 않는 준비에서부터 시작된다는 것을, 나는 누구보다 오래, 절실하게 경험했다.
그래서 지금도 나는 그 말 한마디로 나를 정리할 수 있다.

"남들보다 더, 항상 더."

그건 내 방식이었고, 내 사람들에게 건넬 수 있는 유일한 신뢰의 증명이었다.

"성실은 끝내 배신하지 않는다. 진심은 결국 닿는다. 그리고 당신의 '더'는, 언젠가 반드시 누군가에게 감동이 된다."

지금도 그 태도로 살아가는 나의 신념이다.

❽ 천직이란 믿음

내게 장교라는 직업은 처음부터 꿈이 아니었다. 사명도, 로망도, 그럴듯한 이상도 없었다.

그저 살아 내기 위한 선택, 생존의 대안이었다. 어릴 적부터 늘 생계를 먼저 고민해야 했다. 가난은 선택지를 줄이고, '이유'를 묻는 여유마저 빼앗는다. 그래서 나에게 장교란 '하고 싶다'보다 먼저, '이거라도 해야 한다'는 절박함에서 시작된 일이었다.

처음 군복을 입고 훈련소에 들어섰을 때, 나는 이 조직이 무엇을 의미하는지 몰랐다. 내가 어떤 역할을 맡게 될지, 이 길의 끝이 어디로 향하는지 상상조차 하지 못했다. 그저 시키는 대로. 주어진 교육과 절차를 그대로 따랐다. 계획된 일과표 안에서 움직이고, 정해진 기준만큼 해내는 것. 그것이 처음의 전부였다.

그러나 시간이 지나자 바뀌는 것이 생겼다. 내 옆에 부하가 생기고, 누군가가 내 지시를 기다리고, 내 판단에 따라 작전이 움직이기 시작했다. 책임이 생겼다. 누군가를 지켜야 하는 자리에 서 보면 그때부터 일은 단순히 '직업'이 아니다. 사람을 대하는 일, 상황을 감당하는 일, 그리고 위기의 맨 앞에 선다는 것이 무엇인지 매일 피부로 배우게 된다.

어느 날 새벽, 경계 근무 중 비상 상황이 발생했다. 예정에 없던 돌발 상황. 모두가 당황했지만, 나는 침착하게 상황을 통제했고 아무 일 없이 마무리됐다. 그날 밤, 선임 하사가 나에게 조용히 말했다.

"중대장님, 진짜 믿음이 갑니다."

그 말 한마디가 내 인생의 방향을 바꿔 놓았다.

"천직이란 처음부터 정해지는 게 아니다. 끝까지 버텨 낸 자리에서 비로소 증명된다."

나는 그렇게 천직을 '발견'했다. 버텨야 했고, 싸워야 했고, 수없이 흔들렸지만 그 모든 시간은 내가 있어야 할 자리를 확인하는 과정이었다. 물론 버거웠다. 매일 밤늦도록 사무실에 남아 서류를 검토하고, 사소한 사고에도 보고 체계를 고민하며 다음을 졸였다. 비상 상황 한 번이면 식은땀이 등줄기를 타고 흐르고, 명절에도 전투화 끈을 조이며 집을 등졌다.

그럼에도 불구하고, 나는 이 자리를 사랑했다.

"넌 왜 그렇게까지 해?"

가끔 동기들이, 선배들이 물었다. 그러면 속으로 대답했다.

'나는 이 일을 내 천직이라 믿으니까.'

천직은 '잘 맞는 일'이 아니다. 그건 '여기서만큼은 내가 있어야 할 사람'이라는 확신, 그리고 누군가가 내 자리를 믿어 준다는 신뢰에서 오는 감정이다. 한 장병이 내게 쪽지를 남겼다.
"중대장님, 군대는 다 힘든데, 중대장님 있어서 저는 좀 덜 두렵습니다."
그 짧은 문장을 받고, 나는 아무 말도 못 하고 한참을 앉아 있었다. 그래, 나는 그 믿음을 지키기 위해 여기 있는 거였구나. 사명은 누가 주는 게 아니다. 그건 외부의 명령이 아니라 내면의 신념에서 자라난다.
그래서 나는 묻지 않았다. "이 길이 맞는가?"보다는 "이 자리에서 나는 무엇을 할 수 있는가?" 그게 내 중심을 잡아 줬다.
지금은 군복을 벗고 민간에서 활동하고 있지만, 그 태도는 아직도 내 안에 선명히 남아 있다. 조직은 떠났지만, 책임감은 그대로고 계급장은 벗었지만, 누군가에게 믿음을 주는 사람이고 싶다는 마음은 더 깊어졌다. 나는 지금도 누군가를 돕고, 이끌고, 말없이 곁에 서 있는 삶을 산다. 그리고 그 삶이 여전히 나를 살아 있게 만든다.

"내가 군인이었던 시간은, 단지 직업을 수행한 시간이 아니라 내가 나답게 살아 낸 시간이었다."

그 시간을 통해 나는 배웠다. 가장 중요한 가치는 내가 어떤 태도로 살아왔는가에 있다는 것. 그래서 나는 말할 수 있다.

"군대는 내 사명이었고, 그 사명을 믿었기에 나는 흔들리지 않았다."

그리고 지금도, 나는 같은 마음으로 살고 있다. 천직이란, 결국 한 사람의 태도에서 시작된다. 그것이 직업이든, 관계든, 어떤 역할이든 말이다. 그 마음을 지키는 한 우리는 지금도 제자리에 있는 것이다.

꿈꿔 본 적 없는 전역

✴

나에게 전역은 늘 남의 일이었다

❶ 진급 누락, 날벼락

나는 진급하지 못할 거라는 상상을 단 한 번도 해 본 적이 없다. 그건 자만도 아니었고, 과신도 아니었다. 그저 '지극히 상식적인 기대'였다. 누구보다 치열하게 일했고, 맡은 자리에서 늘 최선을 다했다. 부대원들에게 신뢰받았고, 상급자에게도 실무 능력으로 인정받았다. 내 나름의 방식이 통하고 있다고 믿었다.

하지만 결과는, 날벼락처럼 찾아왔다. 진급 누락. 보고를 받던 그 순간, 한순간 숨이 턱 막혔다. 말 그대로 '전역이라는 단어가 내 앞에 현실로 떨어진 순간'이었다.

그날 이후, 수많은 말들이 나를 둘러쌌다.
"업무만 잘한다고 진급되는 거 아니야."
"곧은 나무가 먼저 부러지는 법이야."
"너무 융통성이 없었지."
"세상은 원칙만으론 안 돌아가."

그 말들이 비수처럼 꽂혔다. 나를 위로하려는 말인 줄 알면서도, 그 말 하나하나가 내가 지켜 온 신념을 조롱하는 듯하게 느껴졌다.

"정직함이 반드시 보상받는 건 아니라는 걸, 가장 정직하게 살아온 내가 제일 늦게 알았다."

스스로를 탓해 보기도 했다.
'내가 뭘 놓쳤지?', '내가 너무 고지식했나?'
사람들의 말처럼, 내가 원칙에만 집착한 나머지 조직이 요구하는 '정무적 판단', '상황 판단'을 못 한 건 아닐까.
하지만 돌이켜 보면, 나는 그런 사람이었다. 위에 잘 보이려 하지 않았고, 공들인 보고보다 현장에서 부하들과 문제를 해결하는 일에 집중했다. 야근을 자처했고, 평가보다 실무를 선택했고, 말보다 '행동'으로 보여 주려 했다.
그게 틀렸다고 생각하지 않는다. 다만 세상은 늘 정답대로 돌아가지 않는다는 현실을, 진급 누락이라는 통보를 통해 배웠을 뿐이다.

"모든 노력이 결실을 맺는 건 아니다. 하지만 그 노력이 나를 만든 건 틀림없다."

군대는 내게 '직업' 그 이상이었다. 그래서 진급에서 누락됐다는 사실은 한 계급을 놓친 게 아니라 한 세계에서 퇴장하라는 통보처럼 느껴졌다.

가장 뼈아팠던 건 '왜?'라는 질문에 답을 찾을 수 없었다는 것이다. 명확한 이유도, 설명도 없이 그저 '명단에 없다'는 사실만이 존재했다. 그 공허함은 의외로 오래 갔다. 진급 누락은 단지 하나의 결과가 아니었다. 그건 내가 믿어 온 가치가 부정당한 기분이었고, 앞으로의 인생을 다시 설계해야 하는 냉정한 이정표였다.

그때 알았다. 세상은 노력에 반드시 상을 주는 곳이 아니고, 때로는 가장 열심히 뛴 사람이 가장 먼저 벽에 부딪히기도 한다는 걸. 하지만 나는 쓰러지지 않았다. 받아들이는 데 시간이 걸렸지만, 내가 걸어온 길은 헛된 길이 아니었다는 걸 시간이 지나 스스로 증명해가고 있다. 진급은 멈췄지만, 내 성장은 그때부터 다시 시작됐다.

"멈췄다고 끝난 게 아니다. 때로는 방향이 바뀌는 것이 새로운 길의 시작이다."

그 말을, 나는 이제 진심으로 이해하게 되었다.

❷ 왜 나인가?

 진급에서 누락된 날, 나는 조용히 책상 앞에 앉아 아무 말도 하지 못했다. 누가 불러도 대답이 늦었고, 해야 할 보고는 눈에 들어오지 않았다. 주변은 그대로였지만, 내 안은 멈춰 있었다. 머릿속을 떠나지 않는 한 문장.

"왜 나인가."

 나는 이 길을 누구보다 성실히 걸었다. 매일 아침 가장 먼저 출근했고, 저녁이면 사무실 불이 꺼질 때까지 내 자리에서 하루를 지웠다. 누가 시키기 전에 움직였고, 위기 상황에선 늘 앞에 섰다. 책임에서 도망친 적 없고, 성과 앞에서 편법을 택한 적도 없었다. 그만큼, 결과에 대한 기대도 있었다. 내 노력이 적어도 평가받을 자격은 있다고 믿었다.
 그래서 더 받아들이기 어려웠다. 내가 아니면 누구였을까? 내가 빠질 이유가 어디 있었을까? 아무리 생각해도 납득할 설명이 없었다. 진급 누락 통보 이후 며칠간, 나는 철저히 혼자가 되어야 했다. 어떤 위로도 위로가 되지 않았다.

"순번이 밀린 거야."
"다른 후보가 스펙이 더 좋았대."
"너무 원칙적으로 해서 손해 본 거야."

이런 말들은 위로가 아니라 내 상처를 덧나게 하는 칼끝이었다. 어느 누구도 내 자리에 서 본 적 없기에, 그 말들엔 체감도, 공감도 없었다. 오히려 스스로에게 더 깊은 질문을 던질 수밖에 없었다.

'정말 내가 부족했나?'
'내 방식이 틀렸던 걸까?'

잠도 쉽게 오지 않았고, 식사도 대충 넘겼다. 인정하고 싶지 않은 마음과 받아들일 수밖에 없는 현실 사이에서 매일 무너졌다가, 다시 일어섰다. 하지만 그렇게 무너져 있던 어느 밤, 나는 스스로에게 이런 질문을 던졌다.

'진급을 못했기 때문에, 내가 걸어온 길은 무가치한가?'

그 물음에 나는 단호하게 고개를 저었다. 아니다. 그동안 내가 일했던 이유는, 승진을 위해서만이 아니었다. 나는 일에 진심이었고, 과정에 집중해 왔고, 원칙을 지켜 온 나름의 철학이 있었다. 그 철학은 누가 알아주든, 그 자체로 내 삶의 중심이었다. 진급에서 누락됐다는 사실이 내 전체를 부정할 순 없었다. 그것은 단지 '결과'일 뿐이지, 나라는 사람을 정의하는 전부는 아니었다.

"왜 나인가."

그 질문은 결국 세상을 향한 분노가 아니라, 나 자신에게 던져야 할 질문이었다. 왜 이 길을 선택했는가. 왜 지금까지 흔들리지 않고 이 자리를 지켜 왔는가. 그리고 앞으로 무엇을 향해 걸어갈 것인가. 그 질문에 스스로 답하는 과정이 필요했다. 진급은 '기회'였지만, 내 인생의 목적은 아니었다. 그리고 진급 실패는 '상처'였지만, 그것이 나를 끝내지 못할 이유도 분명했다.

나는 다시 내 삶을 정리하기 시작했다. 노트에 지난 수년간의 성과, 실패, 교훈을 조목조목 정리했다. 동료들과 나눈 대화, 부하들이 보여 준 변화, 내가 책임졌던 시간들, 그리고 나만이 감당했던 선택들. 그 안엔 내가 외면하고 있었던 진짜 가치들이 있었다. 진급은 나를 선택하지 않았지만, 내 삶은 내가 선택할 수 있다.

그 순간 나는 더 이상 진급 누락을 '실패'로 보지 않기로 했다. 그건 단지 하나의 '변곡점'이었다. 내가 걸어온 길을 돌아보고, 다시 방향을 잡아 나가기 위한 새로운 기회. 나는 내 경험을 후배들에게 나누기 시작했다. 그들에게는 아직 '진급'이 목표일 수도 있었다. 하지만 나는 그들에게 말해 주고 싶었다.

"결과가 전부는 아니다. 중요한 건 그 결과가 나오기까지의 너의 태도다."

그 말은 내가 나에게도 해 주고 싶은 말이었다. 지금 나는 "왜 나인가."라는 질문을 더는 슬픔의 언어로 사용하지 않는다. 이제 그 질문은 나를 다시 살아가게 하는 동력이 되었다

  왜 나였는지, 내가 증명하면 된다. 왜 그 길을 걸어왔고, 왜 지금도 멈추지 않는지, 행동으로 보여 주면 된다. 진급이 아닌, 내가 만든 기준으로 인정받는 삶. 그게 내가 지금 증명해내고 싶은 답이다.

"왜 나인가."

  이제 그 질문은 더 이상 나를 흔들지 않는다. 그건 나를 성장시키는 문장이 되었고, 누군가에게 닿을 수 있는 이야기의 시작이 되었다. 그리고 나는 지금도 그 질문에 답하며 살아가고 있다. 조용히, 하지만 더 단단하게.

❸
전역 통보 이후의 막막함

전역 통보를 받은 날, 나는 책상 앞에 앉아 아무것도 하지 못한 채 한참을 앉아 있었다. 보고서도 손에 잡히지 않았고, 컴퓨터 화면은 켜진 줄도 몰랐다. 가장 먼저 떠오른 건 담담함도, 아쉬움도 아닌, '막막함'이었다.

'이제 뭐 하지?'

'내가 사회에서 할 수 있는 일이 있을까?'

그 질문은 단순한 불안이 아니었다. 마치 머리맡에 얹힌 커다란 돌덩이처럼 내 하루를 짓눌렀고, 숨을 얕게 쉬게 만들었다. 그 순간 나는 깨달았다. 전역은 단지 '직업이 끝나는 일'이 아니라, 정체성이 새로 쓰이는 사건이라는 것을.

군인은 계급으로 불린다. 이름에는 '황연태 장교', '소령 황연태'와 같은 호칭이 따라붙는다. 나도 그 이름으로 22년을 살아왔다. 훈련이 있든 없든, 전화벨이 울리면 밤에도 다시 부대로 향해야 했고, 명절에도 소속 부대의 상황부터 먼저 챙겼다. 그만큼 '군인'

이라는 정체성은 내가 하는 일이 아니라 내 존재 자체였다.

그런데 이제, 그 호칭은 사라졌다. 나는 누군가의 상관도 아니고, 부대도 내게 보고하지 않는다. 대신 내 앞에 놓인 건 한 장의 종이였다. 바로 '명함'이었다. 전역 후 처음 명함을 만들던 날을 지금도 또렷이 기억한다. 작고 얇은 그 종이 한 장을 앞에 두고 나는 참 오래 고민했다.

'직함은 뭐라고 적어야 하지?'

'나는 이제 누구라고, 어떤 사람이라고 말할 수 있지?'

머릿속엔 수많은 표현들이 떠올랐다.

전역 군 간부, 전직 장교, 자문위원, 진로 코치 리더십 컨설턴트……

하지만 그 어느 것도, 22년간 입었던 군복의 무게를 대신하지 못했다. 군대에서의 경험은 수치로도, 직함 하나로도 압축되지 않았다. 그런데 사회는 그것을 한 줄로 요약해 주길 바랐다. 그때 느꼈다.

"군에서는 계급이 곧 존재였지만, 사회에서는 '증명된 가치'가 이름을 대신한다."

그 사실이 익숙해지기까지 꽤 오랜 시간이 걸렸다. 단순한 적응이 아니라 존재의 재정의가 필요했기 때문이다. 한 번은 모임 자리에서 누군가 내게 명함을 건네며 정중히 물었다.

"어떻게 소개드리면 될까요?"

나는 대답하지 못했다.

"그냥 전역했어요."

입에서 나온 말은 그저 짧은 해명처럼 느껴졌고, 내 과거를 스스로 깎아내리는 느낌이었다. 그 순간 나는 깊이 깨달았다.

'사회는 내가 어떤 방식으로 살아왔는지 모른다. 그리고 나는 사회가 어떤 언어를 쓰는지도 모른다.'

그 간극을 누구도 대신 메꿔 주지 않는다. 내가 직접, 그 둘을 연결하는 다리가 되어야 했다. 그래서 나는 결심했다. 명함에 단지 '했던 일'을 쓰기보다, 앞으로 '하고 싶은 일'을 쓰자.

'연구교수, 보안전문지도관, 진로 컨설턴트.'

직함은 화려하지 않았다. 하지만 그 안에 담긴 건 분명했다.

"나는 여전히 누군가에게 의미 있는 일을 할 수 있는 사람입니다."

그 명함을 건넬 때마다 내게 묻는 이들이 생겼다.

"지금은 이런 일 하시는군요."

"이 분야로 오시게 된 이유가 있나요?"

그리고 나는 말할 수 있었다.

"22년간 리더십과 위기 관리를 해 온 경험을 이제는 사회의 문제 해결로 확장하고 싶습니다."

군복을 벗었다고 해서, 그 안에 담긴 태도와 철학까지 벗은 건 아니었다. 명함 한 장엔 내 현재만 담긴 게 아니었다. 그 안엔 과거의 방식, 쌓아온 태도, 책임을 다했던 시간이 고스란히 함께 있었다.

나는 그 명함을 조심스럽게 꺼내며 속으로 자주 되뇌었다.

"군복은 벗었지만, 사명은 여전히 내 이름 아래에 있다."

명함은 내게 단지 직함이 아니라, 새로운 삶을 시작하는 선언문이었다. 사회가 익숙하지 않았던 내가 사회와 대화하기 위해 내민 첫 번째 문장이기도 했다. 그리고 시간이 흐른 지금, 나는 확신한다.

명함에 적힌 것은 '역할'일 뿐이고, 진짜 정체성은 내가 쌓아온 경험과 태도에서 나온다. 전역이라는 사건은 끝이 아니었다. 그건 단지 무대가 바뀌는 일이었다. 총 대신 펜을 들고, 작전 대신 글과 강의로 말하며, 이제는 사회라는 또 다른 전장을 조용히, 그러나 진심으로 걷고 있다.

그리고 나는 오늘도 내 이름 아래 새로운 사명을 써 내려간다. 그 시작은 단 한 장의 명함이었다.

❹
군 생활 22년

군인이 된다는 건 단지 군복을 입는 일이 아니다. 삶의 방식 전체를 바꾸는 일이다. 나는 그렇게 군인이 되었고, 그렇게 22년을 살았다. 처음 군복을 입던 날을 아직도 기억한다. 익숙했던 일상이 사라지고, 말투도 걸음걸이도 전부 새롭게 바뀌었다. 몸은 힘들었지만 마음은 뿌듯했다. 그 순간만큼은 '어른이 된 기분'이었다. 그런데 그 기분은 오래가지 않았다. 곧바로 깨달았다. 군인의 삶은 '선택'이 아니라 '책임'이라는 것을.

"군대는 명령으로 움직이지만, 사람은 신뢰로 움직인다."

그 말을 이해하기까지 22년이 걸렸다. 그 안엔 수많은 밤이 있었고, 셀 수 없는 회의, 무거운 보고서, 반복된 훈련, 예고 없는 호출, 부하의 실수, 내 실수, 그리고 책임이 있었다.

한 번은 혹한기 훈련 중 부하가 동상 증세를 보였다. 누구의 잘못도 아니었지만, 나는 모든 상황을 내 탓으로 안고 병원으로 달려갔다. 이유는 간단했다. 그 부하는 내 지휘하에 있었기 때문이다.

군에서 가장 중요한 언어는 '책임'이다. 책임을 회피하는 사람은 리더가 될 수 없다. 나는 그 책임을 무겁게 여겼고, 때론 무너질 듯 감당했다. 하지만 그게 내가 택한 방식이었다. 군 생활 22년, 단 한 번도 '이 길이 맞을까'라는 의문을 품은 적은 없다. 그저 내일 더 나은 리더가 되고 싶었고, 오늘보다 조금 더 단단한 사람이 되고 싶었다. 그 길 위에서 나는 두 가지 원칙을 지켰다.

첫째, 해야 할 일은 반드시 해낸다.
둘째, 사람을 먼저 본다.

군대는 시스템으로 움직이지만, 결국 사람으로 완성된다. 결국 싸워야 하는 것도, 지켜야 하는 것도 '사람'이었다. 그래서 나는 항상 부하 개인의 삶에 귀를 기울이려 했고, 작은 변화를 놓치지 않으려 애썼다. 야근보다 눈빛이 중요했고, 성과보다 분위기가 먼저였다.

군은 조직이지만, 그 속에서 리더는 사람을 다루는 가장 예민한 위치에 있다. 윗선의 명령을 따르면서도, 아랫사람의 상태를 읽어야 하고, 결과로 보고하되 과정에 책임져야 한다 '중간'이란 위치는 늘 양쪽으로 당기며 사람을 시험한다. 나는 그 시험대 위에서 22년을 버텼다.

가장 힘들었던 건 가족이었다. 명절 아침에도 부대 비상 근무로 인해 전화를 못 했고, 아이의 운동회나 졸업식은 "그날은 곤란해."라는 말 한마디로 건너뛰었다. 그런데도 아내는, 아이들은 내게 큰 소리를 내지 않았다. 오히려 조용히 기다려 주고, 아무렇지 않은 듯 웃어 줬다. 지금도 그 웃음 뒤에 가려진 미안함과 고마움이 오래도록 남아 있다. 군대가 나를 키운 건 맞지만, 그 시간 속에서 묵묵히 버텨 준 가족이 아니었다면 나는 절대 완성될 수 없었다.

전역 직전, 마지막으로 부대를 나서던 날. 사무실 책상을 정리하다 손끝에 닿은 낡은 메모지를 보았다. 몇 해 전, 부하 한 명이 내게 건넨 쪽지였다.

"황 소령님이 있어서 마지막까지 버틸 수 있었습니다. 제 인생의 첫 리더였습니다."

그 문장을 읽는 순간, 마음 한편이 뭉클해졌다. 그동안 받은 어떤 표창장보다 깊은 울림이었다. 진급보다, 명예보다, 결국 내가 남긴 건 '사람'이었구나. 지금도 누군가 군 생활이 어땠냐고 물으면 나는 길게 말하지 않는다.

"그냥 끝까지 제 자리에서 버텼습니다."

그 한마디면 충분하다. 나의 22년은 그 문장 안에 모두 담겨 있다. 지시보다 공감을 우선했고, 성과보다 진심을 우선했으며, 군복을 입은 리더가 아니라, 사람을 대하는 리더가 되고 싶었다.

"시간은 흔적을 남기지만, 태도는 기억을 남긴다."

나는 그렇게 기억되고 싶다. 정답을 매번 맞히진 못했지만, 끝까지 기준을 지킨 사람으로. 계급장이 아니라 태도로 증명한 리더로. 그리고 무엇보다, 사람을 잃지 않으려 애쓴 군인으로. 그게 내가 살아 낸 군인의 22년이다.

❺
나에게 군복은

군복은 단지 옷이 아니다. 군인에게 군복은 '직업복'이 아니라 '정체성'이다. 그리고 나에게, 군복은 곧 삶의 방식이었다. 군 입대 초기에 누군가 말했다.

"군복은 죽음을 각오한 사람이 입는 옷이다. 수의壽衣와 같다."

그 말을 들은 순간, 등골이 오싹해졌다. 그저 근무복 정도로 여겼던 옷이 한순간에 달라 보였다. 그날 이후, 나는 군복을 다르게 대했다. 그 옷을 입는 순간, 나는 단지 일하러 나온 사람이 아니라 누군가의 생명과 안보를 책임지는 사람이 되어야 했다.

나는 군복을 입고 부모님 댁에 내려갔다. 경조사에도, 외부 약속 자리에도 가능하면 군복을 입었다. 누가 시켜서도, 과시하려고도 아니었다. 단지, 이 옷 하나로 설명할 수 있었기 때문이다.

"나는 이 옷을 입고 살아가는 사람입니다."

그 한 문장이 나의 삶과 태도를 모두 설명해 줬다. 무엇을 해도 내 말과 행동은 '군복을 입은 사람답게' 보여야 했다. 작은 실수 하나, 짧은 한마디도 늘 조심스러웠다. 그런 긴장감이 나를 더 단단하게 만들었다.

"옷이 사람을 만든다."

군인에게 이 말은 단순한 은유가 아니다. 군복은 행동을 바꾸고, 말투를 바꾸고, 심지어 마음가짐까지 바꾼다. 처음엔 어색했던 예절이 몸에 배었고, 처음엔 부담스러웠던 책임감이 삶의 중심이 되었다. 군복을 입은 날엔 더 일찍 일어나고, 더 꼼꼼히 점검하고, 더 신중하게 판단하려 애썼다. 그건 누가 시켜서가 아니라, '군복을 입었다'는 사실 하나가 나를 그렇게 만들었기 때문이었다.

가끔 아내가 농담처럼 말했다.

"당신은 군복이 안 벗겨질 것 같아. 그냥 군인이야."

웃었지만 마음 한편이 찡했다. 그건 농담이 아니라 사실이었다. 군복은 단지 유니폼이 아니라, 내 피부처럼 붙어 있는 삶의 궤도였다. 그 옷을 벗는다는 건, 단지 퇴근하거나 전역하는 일이 아니라 내 인생의 한 시대를 통째로 내려놓는 일이었다

군복을 벗은 첫날, 민간 복장으로 거리에 나섰을 때 나는 내가 나 같지 않았다. 셔츠를 입고 거울을 봤지만 어색했고, 왼쪽 가슴에 계급장이 없는 사실이 한없이 허전했다. 마치 중요한 걸 두고

나온 듯, 가슴 한편이 텅 빈 느낌이었다.

그제야 알았다. 나는 단지 복장을 갈아입은 게 아니라, 삶의 언어를 바꾼 거라는 걸. 군복을 입고 살아온 수많은 습관과 태도가 몸에 각인되어 있었기에 그 옷을 벗는 순간 나는 스스로에게 물었다.

"이제 나는 어떻게 살아야 할까."

군복은 내게 '방식'이었다. 무슨 일을 하든 준비는 미리, 보고는 정확히, 위기가 와도 동요하지 않도록 마음을 다잡는 습관. 그 습관은 지금도 내 안에 살아 있다. 회의 10분 전 도착, 일의 순서를 먼저 정리하고, 책임은 나중으로 미루지 않는 방식. 군복을 벗었어도, 그 정신은 여전히 내 삶을 움직인다. 군복은 벗을 수 있어도, '군복답게 산다'는 태도는 내 안에서 지워지지 않는다.

한번은 고향에 내려갔을 때, 아버지가 내 모습을 보고 조용히 고개를 끄덕이셨다. "그래, 잘하고 있구나."라는 말 대신, 그 눈빛 하나로 모든 응원을 전해 주셨다. 그 순간, 나는 군복이 단지 나를 위한 옷이 아니었음을 알았다. 그 옷은 누군가에게 안심이었고, 자부심이었고, 믿음이었다.

지금도 군복을 보면 마음이 서늘해진다. 그 안에는 수많은 날의 기억이 담겨 있고, 그 옷을 입었던 수많은 결심과 실패와 책임이 묻어 있다. 어쩌면 군복은 내게 '갑옷'이자 '거울'이었다.

내가 어떤 사람이어야 하는지를 보여 주는 기준이었고, 그에 어울리는 사람이 되기 위해 매일 나를 단련하게 만든 거울이었다.

"내가 입은 옷이 나를 증명했고, 나는 그 옷에 걸맞은 사람이 되기 위해 살았다."

군복은 내게 그렇게 남아 있다. 지금은 민간의 옷을 입고 살아가지만, 마음속엔 여전히 보이지 않는 깃발 하나가 펄럭이고 있다. 그 깃발은 나를 흔들리지 않게 만들고, 오늘도 책임 있는 사람으로 살아가게 한다. 군복은 이제 더 이상 입지 않지만, 그 군복이 나에게 남긴 삶의 태도만큼은 영원히 내 안에서 벗겨지지 않을 것이다.

가족에게 느꼈던 미안함

군인이 된다는 건, 나라에 충성한다는 뜻이었다. 부대의 호출은 항상 우선이었다. 기념일, 명절, 주말, 심지어는 아이가 아프다는 말에도, 나는 늘 같은 대답을 해야 했다.

"상황 좀 보고…… 가능하면 갈게."

그게 직업의 특성이었다. 그리고 나는 그것을 '사명'이라 믿었다. 하지만 그 믿음 뒤에는 말없이 양보했던 사람들이 있었다. 그리고 시간이 흐를수록 나는 점점 그들에게 미안한 사람이 되어 갔다. 아이 생일엔 부대 상황을 핑계 삼았고, 입학식 날엔 회의가 잡혔다며 못 간다 말했고, 아내가 병원 진료를 받을 때도 "다녀와." 하는 말만 했지 "같이 가자."라는 말은 못 했다.

그러는 사이 아이는 자라고, 아내는 묵묵해지고, 가족은 내 빈자리에 익숙해졌다. 어느 순간부터 아이들이 나를 기다리지 않게 되었다.

"아빠 오늘은 안 오지?"

그 말에 죄책감이 밀려왔지만, 그저 조용히 군화를 신고 나설 수밖에 없었다. 전역 후, 모든 게 달라졌다. 시간이 생겼고, 얼굴을 마주할 수 있는 일상이 시작됐다. 그제야 나는 하나씩 돌아보게 되었다. 내가 얼마나 많은 시간을 놓쳤는지, 어떤 말들을 듣지 못했는지,

그 침묵 속에 어떤 감정들이 숨겨져 있었는지.

어느 밤, 딸과 함께 나란히 앉아 이런저런 얘기를 하던 중 딸이 문득 조용히 말했다.

"아빠, 나 중학교 때…… 왕따당한 적 있어."

그 말이 떨어지는 순간, 내 심장은 철렁 내려앉았다. 무언가가 눈앞을 꿰뚫는 듯한 통증이 느껴졌다.

"그땐 진짜 많이 힘들었는데…… 지금 생각하면 나, 잘 버틴 것 같아."

나는 아무 말도 할 수 없었다. 목이 메어 왔고, 눈을 마주치기조차 어려웠다. 그 시절, 나는 그 곁에 없었다. 나는 누군가의 고통을 듣고, 밤을 새워 상담하며, 부하의 아픔엔 누구보다 앞장서서 달려가던 사람이었다. 그런데, 정작 내 아이의 울음엔 귀 기울이지 못했다.

가장 가까운 사람의 고통을 나는 외면하고 있었던 것이다.

그날 밤, 나는 오래도록 잠을 이루지 못했다. 수많은 작전과 임무 속에서도 '내가 놓친 게 무엇인지' 그제야 분명해졌다.

"사명은 명예이기도 하지만, 때로는 침묵 위에 쌓인 빚이다."

나는 22년을 군복을 입고 살아왔다. 그 시간 동안 누군가를 지키기 위해 노력했지만, 정작 가장 지켜야 할 사람들에겐 빈자리를 남겼다. 아내는 한 번도 원망하지 않았다. 투정조차 없었다. 아이들은 내 부재를 너무 일찍 받아들였다. 그래서 더 미안했다.

익숙해졌다는 게 그들에게 얼마나 슬픈 일이었는지 나는 이제야 알게 되었다. 이제는 빚을 갚고 싶다. 군복은 벗었고, 전쟁은 끝났다. 하지만 나에게 가장 중요한 임무는 이제부터다. 아내와 함께 산책을 하고, 아들과 커피를 마시며 미래를 얘기하고, 딸과 영화를 보며 마음을 듣는 시간.

그 작고 평범한 일상이 내겐 너무 늦게 찾아온 선물 같고, 한편으론 그동안 내가 놓친 시간들의 상환 같다. 가족은 말하지 않는다. 그들이 흘린 눈물도, 삼킨 외로움도 그저 지나간 시간처럼 아무렇지 않게 말한다.

하지만 나는 안다. 그 침묵의 무게를. 그 기다림의 깊이를. 그래서 이제는 결코 늦지 않게, 내가 먼저 말을 걸고, 먼저 시간을 내고, 먼저 웃어 보려 한다. 누군가는 군인이었던 나를 보고 말한다.

"정말 수고하셨습니다. 나라 지키느라 고생 많으셨습니다."

하지만 나는 말하고 싶다.

"그 모든 시간, 제 가족이 함께 버텼습니다. 진짜 수고한 건 제 아내와 아이들이었습니다."

가장 늦게 알게 되었지만, 가장 진심으로 말할 수 있다. 지금 내 삶의 가장 소중한 사명은 가족과 함께하는 하루를 놓치지 않는 일이다. 나는 이제 그걸 가장 정중하게, 가장 진심으로, 가장 책임 있게 살아 내고 싶다.

진짜 나를 묻기 시작한 순간

전역 후의 시간은 고요했다. 그러나 그 고요함은 결코 편안하지 않았다. 수십 년을 익숙한 질서 속에서 살아온 나에게 군복을 벗은 하루는 마치 소리가 꺼진 세상 같았다. 보고는 없었고, 호출도 없었으며, 무전기 대신 정적이 있었다. 정해진 시간에 맞춰 움직이던 몸과 마음이 갑자기 멈추자 그 공백 속에서 처음 듣는 질문이 조용히 떠올랐다.

"나는 누구인가."

군에 있을 땐 이 질문을 해 본 적이 없었다. 아니, 할 필요가 없었다. '소령 황연태', '중대장 황연태', '참모 황연태' 언제나 내 이름에는 계급과 직책이 따라붙었다. 그 호칭이 곧 내 역할이었고, 내 정체성이었다. 나는 '나'라는 사람보다는 '그 자리에서의 나'로 살아왔다.

하지만 전역과 함께 모든 것이 바뀌었다. 어디에서도 나는 불리지 않았고, 누구도 내게 "지금 상황 판단은?"을 묻지 않았다. 군복 없이, 계급 없이, 타이틀 없이……. 나는 낯선 풍경 속에서 정말 처음으로 내 이름을 가만히 불러 보았다.

"계급이 아닌 이름으로 불릴 때, 진짜 '나'와 마주한다."

그 말은 처음엔 막막했고, 조금은 두려웠다. 내가 누구였는지를 말할 수는 있었지만, 내가 누구인지를 말하는 건 쉽지 않았다. 그래서 나는 글을 쓰기 시작했다. 하루 30분이라도, 책상 앞에 앉아 '지금 내 마음'에 대해 써 내려갔다. 그리고 거울 앞에 서서, 군복 없이 민간 복장을 입은 나를 바라보았다. 낯설었지만, 점점 익숙해졌다. 군대에서 나를 단단하게 만든 건 복장이 아니라 삶의 태도였다는 걸, 늦게나마 알아차릴 수 있었다.

그때부터 나는 스스로에게 묻기 시작했다.
'나는 뭘 할 때 가장 몰입하는가.'
'무엇이 내 마음을 움직이는가.'
'사람들이 나를 어떤 사람으로 기억하길 바라는가.'

이 질문들은 진급 심사나 보고서 양식에는 없는 것들이었다. 하지만 그 어떤 평가보다 더 깊이 나를 파고드는 질문이었다. 이 질문에 답을 찾는 과정은 쉽지 않았지만, 그 길 위에서가 진짜 내 인생 2막이 시작될 수 있다는 확신이 생겼다.

군 생활은 내게 많은 것을 줬다. 위기 상황에서의 냉철한 판단,

책임을 미루지 않는 자세,

　사람을 대하는 기준. 하지만 군 생활은 '역할 중심의 삶'이었다. 그리고 전역은 내게 말하고 있었다.

"이제는 '역할'이 아니라 '서사'로 살아갈 차례다."

　내가 어떤 자리에서 무엇을 했는지보다, 이제는 어떤 사람으로 살아가고 있는지가 더 중요해졌다. 처음에는 전역이라는 말을 쉽게 꺼낼 수 없었다. "왜 나왔어요?"라는 질문이 마치 실패를 묻는 듯 느껴졌기 때문이다. 하지만 지금은 다르다. 그 질문보다 더 중요한 질문을 내가 갖게 되었기 때문이다.

"전역 후, 당신은 어떤 삶을 만들고 있습니까?"

　그 질문은 나를 계속 깨어 있게 만들고, 매일의 선택을 더 진지하게 바라보게 한다. 더 이상 나는 조직의 시간표에 맞춰 움직이는 사람이 아니라, 나의 방향을 스스로 설정하고 책임지는 삶을 살고 있다.

　이제는 내 이름 아래 군 경력이 아닌 '내 의지'를 담기 시작했다. 컨설턴트, 강사, 작가, 아버지, 남편……. 그 많은 이름들 속에서 나는 여전히 조금씩 진짜 나를 찾아가는 중이다.

　그리고 알게 됐다. 군 생활로 만들어진 내가 민간에서 해체되는 것이 아니라, 다시 조립되고 있다는 사실을.

"직함을 내려놓고 나면, 무엇이 남습니까?"

그 질문에 나는 이렇게 답하고 싶다.

"남는 건 결국, 태도와 방향입니다."

어떤 타이틀 없이도 나라는 사람을 설명할 수 있게 되었을 때, 비로소 나는 내가 되고 있다고 느낀다. 군복을 입고 살아온 시간은 결코 사라지지 않았다. 그건 지금도 나를 뒷받침해 주는 가장 든든한 뿌리다. 하지만 이제는 그 위에 '이름으로 살아가는 삶'을 조금씩 쌓아가고 있다.

지금 나는 여전히 묻고 있다.

"나는 어떤 사람인가."

그리고

"앞으로 어떤 사람으로 살아갈 것인가."

이 질문을 놓지 않는 한, 나는 앞으로도 흔들릴지언정 방향을 잃지는 않을 것이다. 전역은 끝이 아니었다. 그건 질문의 시작이었고, 진짜 나를 찾아가는 여정의 출발점이었다.

❽
정체성의 흔들림

　전역을 하면 후련할 줄 알았다. 오랜 시간 짊어졌던 책임을 내려놓고, 가족과 더 많은 시간을 보내며, 내가 진짜 하고 싶은 일을 하나씩 찾아갈 수 있을 거라 생각했다.
　하지만 이상하게도, 전역 후의 시간은 기대와는 전혀 다른 모습으로 다가왔다. 군복을 벗고 맞이한 첫 월요일 아침. 알람 없이 눈을 뜬 나는 습관처럼 거울을 봤고, 거기엔 계급장도 없고 제복도 없는 낯선 모습의 내가 서 있었다.
　처음엔 가볍게 넘기려 했다.
　'시간이 지나면 적응되겠지.'
　하지만 그 낯섦은 시간이 지날수록 더 선명해졌고, 마치 내 안의 어떤 축이 빠져나간 것처럼, 마음속엔 묵직한 공허감이 서서히 자리 잡았다.

　'나는 지금 누구인가.'

군대에 있을 때, 나는 늘 분명한 존재였다. 소령 황연태, 작전장교 황연태, 중대장 황연태. 이름 앞에 붙는 계급과 보직이 나의 책임과 역할을 설명해 줬고, 그 안에서 '존재의 이유'는 늘 분명했다. 그러나 전역 후, 그 모든 것이 사라지고 나니 나는 처음으로 나 자신을 직책 없이, 역할 없이 바라보게 되었다.

어떤 날은 길을 걷다 말고 문득 이런 생각이 들었다. '지금, 나는 어디에 소속된 사람이지?' 그 질문 하나에 마음이 무너질 것처럼 흔들렸다. 사회의 한 구성원이라고 말하기엔 아직 너무 낯설고, 군인이라 부르기엔 이제는 명함 한 장만이 남아 있었다.

정체성의 뿌리가 통째로 뽑혀 나간 기분. 사람들이 흔히 말하는 '은퇴 후의 상실감'이라는 게 이런 걸까 싶었다.

"정체성은 자리를 떠날 때 비로소 흔들린다."

군에서는 몰랐다. 매일 쏟아지는 보고, 끝없는 계획, 돌발 상황들. 그 안에서 고민할 여유도 없이 그냥 달렸다. 그렇게 버티는 게 능력이라 여겼고, 그 자리에서 무너지지 않는 게 리더라 믿었다.

그런데 막상 그 자리에서 내려오고 나니 그동안 내가 믿어왔던 '나'의 대부분이 역할 중심의 나였다는 걸 비로소 깨달았다. 사회는 달랐다. 군대에서 익힌 말투는 때때로 권위적으로 보였고, 시간보다 사람을 먼저 챙기는 문화는 낯설었다. 보고를 위해 정리된 말은 공감을 막는 벽처럼 작용했다.

나는 나름대로 성실했고, 예의도 지켰지만 사람들은 나를 '딱딱한 사람', '어려운 사람'으로 기억했다. 내가 누구인지 말하기도 전에 내 안의 군대가 먼저 말하는 것 같았다.

그러다 어느 날, 혼자 커피숍에 앉아 멍하니 창밖을 보던 중 내가 처음 계급장을 달던 순간이 떠올랐다. 그때도 낯설고, 어색했고, 두려웠다. 하지만 결국 익숙해졌고, 나는 그 자리에서 나름의 방식으로 살아남았다.

그 기억이 말했다.

"지금 느끼는 이 낯섦도, 언젠가는 내 것이 될 수 있다."

그 후 나는 조금씩 일상을 바꿔 갔다. 처음엔 작은 글을 쓰기 시작했다. '나는 오늘 어떤 사람으로 살았는가' 매일 짧게 기록하며 스스로를 다시 바라봤다. 새로운 공부도 시작했다. 군에서 쌓은 경험을 사회의 언어로 번역해 보기 위해 리더십, 조직 문화, 커뮤니케이션을 다시 배웠다. 그 과정은 마치 나를 새롭게 조립하는 시간이었다.

지금도 완벽하지 않다. 회의 자리에서 여전히 말이 다소 무겁다는 피드백을 듣고, 간혹 내 안의 군기가 튀어나와 스스로 놀랄 때도 있다. 하지만 더 이상 스스로를 부끄러워하지 않는다. 그건 '과거의 흔적'이 아니라 나를 만든 증거이기 때문이다. 나는 군인으로 살았고, 이제는 그 정신을 품은 채 다른 길을 걷고 있을 뿐이다.

"군복은 벗었지만, 군인의 태도는 여전히 내 안에 있다."

이 문장을 나는 자주 되뇐다. 그 말은 나를 다잡아 주고, 흔들릴 때 중심을 다시 잡게 해 준다. 정체성은 단단함이 아니라 흔들려도 다시 돌아올 수 있는 기준의 존재다. 그리고 나는 이제 그 기준을 조금씩 스스로 다시 세우고 있다.

전역 후의 삶은 모든 것이 새롭게 시작되는 길이 아니다. 이미 내가 살아 낸 시간 위에, 새로운 색을 덧입히는 과정이다. 그 위에 그려지는 그림이 무엇이든, 나는 그 기반이 되는 사람이다. 이제 나는 안다. 정체성은 역할이 아니라 태도이고, 직책이 아니라 지속성이며, 지켜야 할 기준이 아니라 스스로 지켜가는 가치라는 것을.

그래서 오늘도 흔들리더라도 나는 그 흔들림을 두려워하지 않는다. 그건 내가 여전히 진짜 나로 살아가고 있다는 증거니까.

사회라는 전장

군인에서 민간인으로

❶ 냉정한 사회

군에서의 22년. 그 시간은 내게 단순한 경력이 아니었다. 그건 일종의 신념이었다. 사명감, 책임, 조직, 명예. 이 네 글자는 하루하루를 버티게 해 준 정신이었고, 내가 살아 있는 이유이기도 했다.

아침이면 깃발 앞에 섰고, 밤이 되면 지도를 펴고 계획을 다시 점검했다. 지시가 없어도 움직였고, 문제가 생기면 가장 먼저 현장으로 향했다. 나는 '소령 황연태'로 불렸그, 그 이름에는 무게가 실려 있었다. 내 자리가 명확했고, 내 역할이 분명했다. 그래서 단 한 번도 내가 무가치하다고 느낀 적이 없었다.

그러나 전역 후, 나는 완전히 새로운 세상에 홀로 던져졌다. 그 세상은 내가 아는 언어로 작동하지 않았고, 내 이름 앞에 붙던 '소령'이라는 타이틀은 아무 의미가 없었다. 어떤 날은 정장을 입고 면접장에 섰다. 땀으로 흠뻑 젖은 손으로 명함을 건넸고, 정리된 이력서를 내밀었다. 그 종이 한 장에는 내 군 경력 22년이 요약되어 있었다. 작전, 기획, 리더십, 위기 대응, 조직 관리…….

하지만 돌아오는 반응은 차가웠다.
"군 경험은 민간과는 다르죠."
"좀 딱딱하진 않으세요?"
"조직 융화력은 괜찮으신가요?"

그 말들은 정중했지만 그 안엔 분명히 거리감이 담겨 있었다. 그들이 보는 나는 어쩌면 하나의 '특이한 이력서'를 가진 사람에 불과했을지도 모른다. 어느 면접에서 한 면접관이 물었다.

"그래서, 뭘 잘하세요?"

너무도 짧고 간단한 질문. 하지만 그 앞에서 나는 입을 떼지 못했다. 나는 '버티는 법'을 안다. 위기 속에서 판단하고, 불확실한 상황에서도 조직을 움직여 본 경험이 있다. 사람을 지켜야 했고, 결과에 책임져야 했다.

어떤 일이든 '반드시 끝을 본다'는 태도로 살아왔다. 그런데 그것들을 이 사회는 구체적인 '스킬'로 환산하길 원했다. 추상적인 언어가 아니라, 성과 지표로 보여 줄 수 있는 능력으로 바꾸길 원했다.

"경력은 과거를 말하지만, 사회는 미래를 요구한다."

그 사실을 받아들이는 데 시간이 필요했다. 군에서는 과거의 기록이 명예가 되지만, 사회는 늘 '지금부터 무엇을 할 수 있는가'를 묻는다. 이력은 한 줄이 되고, 정체성은 스펙이 되고, 그 모든 시간은 결국 증명되지 않으면 사라진다.

내가 살아 낸 22년의 무게는 그저 '특이 사항'으로만 남았다. 정체성의 붕괴는 어느 날 갑자기 찾아오지 않는다. 천천히, 그러나 분명히 무너진다.

이력서 한 장을 붙이고 아무 연락이 없는 날, "경력은 훌륭한데 우리와는 맞지 않을 것 같아요."라는 메일을 받을 때, 회사 로비에 앉아 면접 순서를 기다리며 옆 사람의 젊고 화려한 스펙을 바라볼 때, 그 무게는 조금씩, 그리고 깊게 마음을 짓눌렀다.

사회는 생각보다 냉정했다. 그리고 그 냉정함은 때때로 잔인했다. 보고보다 대화가 중요했고, 정확함보다 유연함이 더 환영받았다. 군대에서 살아남기 위해 익힌 말투와 자세는 이 사회에서는 "딱딱하고 권위적"이라는 평가로 되돌아왔다.

처음엔 억울했다. 나는 노력했고, 진심이었으며 사람을 무시한 적이 없었다. 그런데 돌아오는 시선은 차가웠고, 나는 그 이유조차 제대로 알 수 없었다. 하지만 어느 순간, 나는 깨달았다. 이건 전쟁이 아니고, 변환의 문제라는 것. 군인의 언어는 명확하고 군더더기 없지만, 사회는 '말'보다 '맥락'을 읽는다. 군대는 지시와 보고가 생존이지만, 사회는 공감과 설득이 관계를 만든다.

군에서의 태도와 실력은 틀리지 않았다. 다만, 그것을 사회가 이해할 수 있는 방식으로 바꿔야만 다시 살아남을 수 있었다.

그래서 나는 다시 배우기로 했다. 달을 부드럽게 다듬고, 보고보단 대화를 먼저 꺼내고, 내 경험을 숫자와 사례로 정리했다.

내가 겪은 위기 상황은 리스크 매니지먼트로, 부대를 이끈 경험은 조직 운영과 팀 리더십으로 새로운 언어로 바꾸어 냈다. 사회는 나를 기다려 주지 않았다. 하지만, 나는 기다리지 않고 준비했다.

냉정한 현실은 나를 더 단단하게 만들었다. 내가 군복을 입지 않아도 어떤 자리에서든 끝까지 책임질 수 있다는 걸 조금씩 증명해 나가고 있다.

이제는 말할 수 있다.

"나는 군인이었습니다. 그리고 지금은, 새로운 전장을 살아가는 또 다른 전투자입니다."

이 사회는 냉정하지만, 그 냉정함이 나의 다음 챕터를 더욱 진지하게 열게 했다. 이제는 두렵지 않다. 왜냐하면 나는, 다시 살아남는 법을 알고 있으니까.

❷ 스펙과 무관한 시장

전역 후 처음 마주한 현실은 다름 아닌 '아무도 내 이력을 궁금해하지 않는다'는 사실이었다.

군 안에서는 계급이 곧 존재의 무게였다. 내가 어떤 부대에서, 어떤 직책을 맡았고, 어떤 성과를 냈는지가 분명한 기준이 됐다. 훈련, 평가, 표창, 공적 기록. 그 모든 것이 나를 설명해 주는 언어였고, 내 자리를 증명해 주는 자산이었다.

그런데 사회는, 읽지 않았다. 나는 군 경력 22년을 A4 한 장에 요약했다. 전시 대비계획 수립, 대규모 작전 훈련, 간부 교육, 조직 관리, 위기 대응……. 어느 것 하나 허투루 보낼 수 없었던 기록들이었다.

하지만 민간 사회는 그 이력을 읽기보다 내게 묻기 시작했다.

"지금 어떤 문제를 해결하실 수 있나요?"

"우리 회사에서 어떤 가치를 낼 수 있죠?"

"마케팅은 해 보셨나요?"

"회계 툴은 어느 정도 다루시나요?"

계급은 질문 목록에 없었다. 경력의 연도는 흥미 사항이 아니었다. 그 현실이 처음엔 이해되지 않았다. 수백 명의 인원을 이끌었고, 전쟁을 가정한 작전을 수립했고, 수많은 위기 상황을 판단해 본 경험이 있었다. 그 모든 걸 '할 줄 안다'고 말할 수 있었지만, 정작 그 말이 필요한 곳은 없었다.

오히려 이렇게 묻는 경우가 많았다.

"군에서의 경험이 민간 기업 환경에 맞을까요?"

"조직 문화가 너무 달라서 어려우실 수도 있을 텐데요."

그때 처음 깨달았다. 나는 '충분히 준비된 사람'이라는 착각 속에 있었다는 것. 시장이라는 공간은, 내가 생각했던 것보다 훨씬 냉정하고 실용적이었다. 그들이 원하는 건 '지금 당장 기여할 수 있는 사람'이었다. 포지션에 맞는 경험, 실무를 할 줄 아는 능력, 그리고 '이 일을 맡기면 되겠다'는 명확한 신뢰.

한 기업의 면접장에서 겪은 일을 잊을 수 없다.

면접관은 내 이력을 천천히 훑은 뒤, 조용히 말했다.

"경력 정말 훌륭하세요. 그런데 저희는 마케팅 자료를 오늘부터 바로 만들 수 있는 사람을 찾고 있습니다."

그 말은, 나에게 이렇게 들렸다.

"당신은 준비돼 있지만, 지금 우리에겐 필요하지 않습니다."

그 후, 나는 깨달았다. 스펙은 입장권일 뿐, 시장은 실력을 거래한다. 경력의 깊이보다 문제를 해결할 수 있는 능력, 성과보다 재현 가능한 실행력, 지휘보다 팔리는 언어와 행동력이 더 중요하다는 걸.

그래서 나는 다시 배우기 시작했다. 나의 리더십을 '조직관리 경험'이 아닌 팀을 어떻게 동기부여 했는지, 갈등을 어떻게 조정했는지로 설명했다. 위기 대응 경험은 리스크 매니지먼트, 문제해결 전략, 커뮤니케이션 방식으로 정리했다.

군에서 했던 모든 일들은 민간 언어로 '재해석'될 수 있었다. 다만, 사회는 군의 언어를 번역해 주지 않는다. 그건 전직자의 몫이다. 군대는 지시를 받아 정확하게 수행하는 데 익숙한 조직이다. 하지만 시장은 아무도 지시하지 않는다. 스스로 과제를 찾고, 기회를 발굴하고, 해답을 내는 사람이 살아남는다.

그리고 그 과정을 타인이 이해할 수 있는 말로 설명할 수 있어야 한다. '나는 이런 걸 해 봤습니다'가 아니라 '당신에게 이걸 해 드릴 수 있습니다'로 바꾸는 훈련이 필요했다. 사실, 그건 군인에게는 낯선 감각이었다.

군 복무 중에는 결과보다 과정이 중요할 때도 많았고, '잘했다'는 말보다 '명령을 잘 이행했는가'가 핵심이었다. 하지만 사회는 다르다. 당신이 어떤 사람인지 말해 주지 않으면, 아무도 모른다. 그리고 말만 잘한다고 믿어 주지도 않는다.

당신이 해낸 '성과'가 아니라, 그 성과를 어떻게 재현할 수 있을지를 보여 줘야 한다. 나는 지금도 면접장에서 내 경력을 말한다. 하지만 이제는 군 경력자로서가 아니라 문제 해결자, 실행가, 조직을 움직일 줄 아는 사람으로 자신을 설명한다.

사회는 처음엔 나를 낯설어했고, 나는 그 언어와 방식이 낯설었다. 하지만 그 거리감은 조금씩 채워질 수 있었다. 내가 먼저 다가가고, 시장을 이해하고, 내 이야기를 번역해 냈을 때.

"군인은 전투에 강한 사람이다. 하지만 진짜 군인은, 전장을 바꿔도 생존하는 사람이다."

이제는 더 이상 군복을 입지 않지만, 나는 여전히 전투 중이다. 시장이라는 새로운 전장에서, 내가 가진 가치를 어떻게 보여 줄지 매일 고민하고 움직인다.

그 싸움은 지시가 아니라 선택과 행동의 싸움이다. 그리고 나는 오늘도 그 싸움에서 살아남기 위해 다시 훈련 중이다.

❸
전역 전후 골든 타임

"무너지기 직전이, 사실은 새로 시작할 시간이었다."

진급 누락 통보를 받은 날, 나는 멍하니 앉아 있었다. 그게 현실이라는 걸 받아들이는 데 며칠이 걸렸다.

"이제 끝이구나."

그때는 마치 하나의 프로젝트가 종료된 듯한 느낌이었다. 단순히 '업무가 정리된다'는 감각으로 스스로를 속였다. 그런데 시간이 흐를수록 이상하게도 마음 어딘가가 조용히 무너지고 있었다. 익숙한 구호 대신 정적이 찾아왔고, 손에 익은 일처리 대신 막연한 불안이 손끝을 감쌌다.

전역은 곧 '벗어남'이라 생각했지만, 정작 내게는 삶의 기반이 송두리째 흔들리는 과정이었다. 군복을 입고 살아온 22년. 내 이름 앞에는 늘 계급이 있었고, 누군가는 나를 필요로 했으며, 내가 판단하고 책임져야 할 일이 항상 존재했다. 그 안에서 나는 '필요한 사람'으로 기능했고, 그 역할이 나의 자존감이자 존재 이유였다.

그런데 전역이라는 단어가 현실이 되자, 모든 게 흐려졌다.

'나는 이제 어디에 필요한 사람이지?'

'내가 있던 그 자리는, 이제 없어지는 건가?'

이 질문이 머릿속을 떠나지 않았다. 특히 전역을 6개월 앞두고 나서는, 불안이라는 감정이 구체적인 실체를 가지기 시작했다.

'이제 뭘 해야 하지?'

'어떤 회사에 이력서를 내야 하지?'

'나 같은 나이에 다시 시작이 가능할까?'

이런 생각들이 아침을 깨우고 밤을 잠들지 못하게 했다. 군복무 내내 성실하다고 자부했지만, 그 자부심은 민간 사회에서는 이력서 한 줄로 요약된 경력이었고, 그마저도 관심을 받지 못하는 경우가 많았다.

가장 참담했던 건, '내가 아무에게도 필요하지 않은 존재가 된 것 같다는 감정'이었다.

군대에 있을 때는 끊임없이 호출되던 사람이었고, 나의 판단이 누군가의 생존과 안전에 영향을 미치는 위치에 있었다. 하지만 전역 후에는…… 전화도, 회의도, 호출도 없었다. 정적만 가득한 하루가 이어졌다. 그 시간이 진짜 공황이었다.

잠을 자도 쉰 것 같지 않았고, 하루하루가 고장 난 시계처럼 느껴졌다. 어디서부터 시작해야 할지조차 감이 오지 않았다. 가끔은 책상 앞에 앉아 무작정 자격증 교재를 펼치다 말고, 그냥 멍하니 창밖만 바라볼 때도 있었다. 사람들과 대화하는 게 두려웠고, 뭘 물어볼까 봐 회피하게 되기도 했다.

'나 지금 뭐 하고 있지?'

'내가 사회에서 쓸모 있는 사람이긴 한 걸까?'

그 질문은 스스로를 조각조각 무너뜨리는 고요한 망치였다. 하지만 아이러니하게도, 그 가장 어두운 시간이 내게 처음으로 '진짜 나'를 묻는 시간을 열어 주었다. 군에서는 누구나 계급과 보직으로 불린다. 이름보다는 역할이 우선이다. 하지만 전역 후, 더 이상 호명되지 않는 나와 마주하며 나는 처음으로 질문했다.

"나는 어떤 사람인가."

"내가 진심으로 잘하고 싶은 건 무엇인가."

"앞으로는 어떤 이름으로 불리고 싶은가."

그건 '생존'의 언어가 아닌, '의미'의 질문이었다. 그리고 그 질문을 붙잡기 시작하면서, 나는 공황의 끝에서 재정의라는 가능성을 보게 됐다. 처음엔 작게 시작했다. 하루 10분이라도 책을 읽었고, 하루 한 줄이라도 글을 썼고, 하루 한 번이라도 나 아닌 누군가와 연결되기 위해 대화를 시도했다. 그 모든 것이 버거웠지만, 그 '작은 습관'들이 다시 나를 일으켜 세웠다. 그리고 그때 느꼈다.

"공황은 나를 무너뜨리기 위한 것이 아니라, 다시 설 수 있도록 허락된 시간일지도 모른다."

그렇게 돌아보니 전역 전후의 1년은 인생에서 가장 혼란스럽고도 고요한 시기였다. 모든 것이 낯설었고, 누구도 해답을 알려주지 않았다. 하지만 결국 그 시간은 내게 주어진 두 번째 훈련 기간이었다. 군인으로 살아온 내 태도를 다시 사회에 맞게 조율하고, 내가 진짜 원하는 가치를 좇는 삶을 준비하는 골든 타임이었다.

이제 나는 전역 전후의 시간을 단지 '혼란'으로 기억하지 않는다. 그 시간은 오히려 내 정체성을 재정비하고, 무너졌던 자존감을 새롭게 세우는 복원의 시간이었다. 그리고 그 덕분에 나는 이제 군인이 아닌 한 사람으로, 내 이름만으로 다시 설 준비를 마쳤다.

"정체성은 무너지기 직전에야 비로소 진짜 모습을 드러낸다."

전역은 끝이 아니다. 골든 타임은 당신이 다시 자신을 찾을 수 있도록 준비하는 시간이다. 그 시간을 버티는 것만으로도, 당신은 이미 충분히 잘하고 있는 것이다.

❹
3년간의 재학습, 재적응

"변화는 익숙함을 내려놓는 데서 시작된다."

전역 전후 1년은 내 인생의 가장 깊은 어둠이었다. 계급이 사라지고, 소속이 사라지고, 하루하루 '해야 할 일'이 사라졌다. 그동안 당연했던 말과 행동, 리듬이 통째로 흔들렸다.

그리고 무엇보다 낯설었던 건, 내가 누구인지 설명할 언어가 없다는 사실이었다. 사람들이 "지금은 어떤 일 하세요?"라고 물으면, 입술이 먼저 닫혔다. 내 안에 무언가 많았지만, 그것을 꺼낼 '방법'을 몰랐다.

"나는 누구인가?"
"이제, 나는 어디서부터 다시 시작해야 하나?"

그 질문 끝에서 나는 조용히 결심했다. 다시 배워야겠다고. 완전히, 처음부터.

군대는 내게 태도와 기준을 줬다. 하지만 사회는 그것을 언어로, 행동으로, 사람들과의 관계로 '보여 주고 풀어내는 방식'을 원했다. 그 간극을 메우기 위해, 나는 스스로를 다시 '학습자'로 세웠다.

처음엔 참 낯설었다. 말을 바꿔야 했고, 문서 하나를 쓰는 방식도 달랐다. 군대에서는 "지시사항"이라고 적었던 걸. 이제는 "제안드립니다."라고 바꿔야 했다. "보고드립니다."가 아니라 "공유드립니다."라고 써야 했다.

작은 변화였지만, 그 안에는 사고방식 전체를 뒤집는 고통스러운 전환이 필요했다.

"군대는 명확함을 훈련하지만, 사회는 유연함을 연습한다."

이건 내가 그 3년 동안 몸으로 익힌 가장 큰 차이점이었다.

나는 처음부터 천천히 배워 갔다. 전문적인 커뮤니케이션 교육을 듣고, 퍼실리테이션 훈련에 참여했고, 조직심리학 책을 하루 한 챕터씩 읽었다. 매일 책상 앞에서 스스로에게 물었다.

"이건 군대식 사고인가, 아니면 사회가 원하는 방식인가?"

어느 날은 말실수로 회의 분위기를 어색하게 만들었고, 어느 날은 '권위적이다'는 피드백을 들으며 혼자 주먹을 쥐었다. 솔직히 억울한 마음도 있었다.

"나도 사람 중심으로 일해 왔다고."

"그 표현이 불편했다면, 방법을 몰라서 그런 거였다고."

그런 말들이 목 끝까지 차오른 날도 많았다.

하지만 그럴수록 마음을 다잡았다. 나는 지금 '군 간부'로 일하는 게 아니라, 새로운 언어와 관계의 장에서 다시 배우고 있는 중이었다. 그래서 물러서지 않았다. 말투를 바꾸고, 어투를 바꾸고, 단어 하나에도 생각을 담기 시작했다.

이제는 "명령"보다 "제안", "지시"보다 "조율"이라는 언어가 먼저 떠오른다. 보고서 대신 제안서를 쓰고, PPT 대신 이야기로 설득하는 방식에 익숙해졌다.

소통은 전달이 아니라 연결이라는 걸, 신뢰는 성과보다 온기에 의해 만들어진다는 걸 그 3년을 통해 나는 온몸으로 배웠다. 그리고 어느 날, 변화는 조용히 찾아왔다.

한 사람이 내게 다가와 말했다.

"말씀하시는 게 참 편안하고 단단하시네요. 혹시 이야기 좀 나눠 볼 수 있을까요?"

그 순간, 가슴이 먹먹해졌다. 단 한 줄의 말. 하지만 그 안에는 내가 쌓아온 모든 시간과 노력이 담겨 있었다. 3년은 길다면 길고, 짧다면 짧은 시간이다. 하지만 나에게 그 시간은 단순한 '적응'의 시간이 아니었다. 그건 나 자신을 해체하고, 다시 조립하고, 새롭게 구성하는 정체성의 리빌딩 과정이었다.

군 생활에서의 자산은 사라지지 않았다. 그건 바꿔야 하는 게 아니라, 번역하고 확장해야 하는 것이었다. 지시 대신 설득으로,

명확함 대신 공감으로, 책임감 대신 협력으로. 그 모든 변화가 가능했던 건, 내가 스스로 다시 배우기로 결심했기 때문이었다.

이제 나는 더 이상 "전역한 군 간부"라는 수식어에 갇히지 않는다.

나는 배운 사람이다. 새로운 문법으로 살아가는 사람이고, 앞으로도 계속 진화할 수 있는 사람이다. 그리고 그건, 3년간의 재학습과 재적응 덕분에 가능했다.

"정체성은 정리하는 것이 아니라, 계속 다듬어 가는 과정이다."

이제 나는 내 경험과 언어로 누군가의 시작을 돕는 사람으로 살아가고 있다.

❺

시행착오를 줄이기 위한 몸부림

 군대는 실수를 용납하지 않는 조직이었다. 작은 실수 하나가 곧 치명적인 결과로 이어질 수 있었고, 명령은 곧 실행이어야 했으며, '확인 없는 실행'은 '실패한 작전'이나 다름없었다.

 그래서 나는 몸에 새기듯 훈련받았다. 실행 이전의 철저한 검토, 반복된 시뮬레이션, 그리고 실패 가능성을 0.1%까지 줄이는 '준비'의 습관.

 그렇게 20년 가까이, 나는 '실수하지 않는 사람'으로 살아왔다. 그러나 전역 후, 민간 사회에 발을 딛자마자 나는 완전히 다른 세계와 마주했다. 그곳에서 실수는 '당연한 일'이었고, '배움의 일부'로 여겨졌다.

 문제는, 그 사회가 아니라 나 자신이었다. 실수를 두려워했다. 작은 말실수 하나, 엉킨 보고서 한 줄이 내 평판을 깎고, 내가 쌓아온 모든 걸 무너뜨릴지도 모른다는 강박. 누군가 속으로 이렇게 말하지 않을까.

 "역시 군 출신이라 어색하네."

그 생각이 나를 조여 왔다. 그래서 나는 무섭도록 조심스러워졌다. 메일 한 줄을 쓰기 전에도 몇 번이고 읽고 지우기를 반복했고, 회의에선 말문을 열기까지 한참을 망설였다. 입을 열기보단 침묵을 선택했고, 실수 없이 '조용히 통과'하는 게 더 낫다고 여겼다.

"전쟁은 실수가 없어야 이기지만, 삶은 실수 속에서 자란다."

머리로는 알고 있었다. 하지만 가슴은 그 문장을 받아들이지 못했다.

처음 맡았던 강의가 대표적이었다. 나는 내가 잘 준비했다고 생각했다. 논리적으로 짜인 구조, 명확한 전달, 군더더기 없는 설명. 그러나 강의가 끝나자 돌아온 피드백은 단호했다.

"내용은 정확한데, 사람 냄새가 안 납니다."

"지시받는 느낌이었어요. 공감이 부족했어요."

충격이었다. 군대에서는 그 방식이 '정답'이었다. 효율적이고 명확하다는 평가를 받았고 그런 스타일로 인정받아 왔는데, 이제는 그 '정답'이 오히려 '거리감'이 되었다.

나는 그날 밤 강의 녹음을 수십 번 돌려 들었다. 말투, 속도, 억양, 멈춤의 타이밍, 눈빛까지. 수첩에 적고, 입으로 따라 해 보고, 내가 놓친 부분을 찾아 헤맸다. 그리고 다짐했다.'이 방식으론 안 된다. 내가 바뀌어야 한다.'

군대에서는 내 언어가 기준이었지만, 이제는 상대의 언어로 말해야 했다. 내가 말하는 게 중요한 게 아니라, 상대가 어떻게 받아들이는지가 전부였다. 그래서 나는 다시 '훈련'을 시작했다. 강의

후 피드백을 빼먹지 않고 수집했고, 사람들의 말속에서 '느낌'을 읽기 위해 낯선 표현과 단어들을 따로 메모했다. 이 사회의 언어, 리듬, 표정을 익히기 위한 하루하루가 '사회판 신병 교육' 같았다.

처음엔 수치심이 컸다. 한참 어린 구성원에게서 "선생님, 그건 좀 오버예요."라는 피드백을 들을 때, 솔직히 마음 한구석이 쓰렸다. 내가 지금 뭘 하고 있는 건가 싶기도 했다. 하지만 곧 알게 됐다.

수치심보다 무서운 건 그 자리에서 멈춰 버리는 것이라는 걸. 실수를 두려워한 나의 완벽주의는 결국 성장을 회피하는 핑계였다는 걸. 그래서 나는 실수를 받아들이기로 했다. 물론, 같은 실수를 반복하지 않기 위해선 무섭도록 철저해야 한다. 뼛속 깊이 새기는 연습이 필요했다. 하지만 이제는 실수 자체를 두려움이 아닌, '기록 가능한 진화'의 기회로 보기로 했다.

한번은 강의 중 단어 선택을 잘못해 청중이 불편함을 느낀 적이 있었다. 예전 같았으면, 나 자신을 한없이 몰아붙였을 것이다. 하지만 그날 나는 실수를 기록했고, 다음엔 그 단어 대신 어떤 표현을 쓸지 연습했다. 그리고 다시 같은 상황이 왔을 때, 나는 더 따뜻한 언어로 메시지를 전달할 수 있었다.

그 순간, 실수는 내 것이 아닌, 내가 넘어서 버린 것이 되었다.

"실수를 피하는 사람은 제자리에서 멈추고, 실수 속으로 들어간 사람만이 바뀐다."

그 문장을 이제는 진심으로 이해한다. 이전의 나는 실수 없는 사람이 되고 싶었다. 지금의 나는 실수를 통과한 사람이 되고 싶다. 그게 성장이고, 그게 진짜 전환이다.

나는 완벽하지 않다. 하지만 철저하다. 그게 내가 이 사회에서 의미 있게 살아가기 위해 선택한 태도다. 그리고 이제는 안다. 실수는 나를 깎아먹는 것이 아니라, 나를 다듬는 도구라는 걸.

❻ 가치의 재정의

　군대에서의 가치는 단순하고 분명했다. 충성, 책임, 질서, 희생. 이 네 글자는 더 설명이 필요 없는, 삶의 모든 판단과 행동을 이끄는 기준이었다. '상명하복'이라는 단어조차 불편하지 않았다. 계급과 보직이 말해 주는 역할이 분명했고, 그 안에서 나의 위치는 늘 명확했다. 무엇이 옳고, 무엇을 해야 하며, 어디까지 책임져야 하는지가 늘 정해져 있었기에, 나는 흔들림 없이 움직일 수 있었다.

　그러나 전역 후, 사회라는 낯선 환경에 들어서자 그 확고했던 가치들이 하나씩 흔들리기 시작했다. 회의 중 잘못된 방향성을 바로잡기 위해 정중하게 직언했지만, 돌아오는 건 냉랭한 공기였다. 업무 효율을 위해 불필요한 절차를 줄였을 때는 "너무 앞서 나간다."라는 말이 들렸다. 성과 중심으로 일한 나에게 누군가는 "성과도 중요하지만 분위기도 봐야지."라고 말했다. 군대에서라면 '모범'으로 불렸을 행동들이, 사회에선 '어색함'으로, 때론 '부조화'로 비춰졌다.

　그 낯선 반응들 앞에서 나는 처음으로 스스로에게 물었다.

'내가 잘못된 방향으로 살아왔던 걸까?'
'그동안 믿고 지켜 온 가치들이 사회에선 오히려 불편한 것일까?'
그 질문은 오래도록 내 안에 남아 나를 괴롭혔다. 나는 매일같이 흔들렸다. 내가 자랑스럽게 여겼던 '책임감', '질서', '헌신'이라는 단어들이 현실에서는 '까다로움', '융통성 부족', '고지식함'이라는 말로 바뀌어 돌아왔다.
그러다 어느 날, 문득 스쳐간 한 문장이 나를 붙잡았다.

"가치는 버릴 것이 아니라, 시대와 환경에 따라 다시 써야 할 언어다."

그 순간 나는 깨달았다. 내가 살아온 가치를 지키는 것과, 그것을 새로운 환경에 맞게 '재정의'하는 것은 전혀 다른 일이라는 것을.
'책임'이란 뭘까.
군대에선 '모든 결과를 내가 감당한다'는 태도였다. 하지만 사회에선 '내가 모든 걸 안고 간다'보다 '문제를 함께 해결하는 관계'를 만들어 가는 것이 진짜 책임이었다. 누군가의 실수를 대신 덮는 것이 아니라, 실수의 원인을 함께 분석하고, 다시는 같은 일이 반복되지 않도록 만드는 것이 '사회적 책임'이었다.
'충성'은 또 어떤가.
군에서는 상관에 대한 절대적인 신뢰와 복종이 '충성'이었다. 그러나 지금의 사회에서 충성은 '조직이 지향하는 방향에 대한 공감'

이며, '의미 있는 일에 내 자발성을 얹는 행위'였다. 시킨 대로가 아니라, 스스로 설득당하고 스스로 움직이는 충성이었다.

'질서'는 어떻게 변할까.

예전의 나는 질서를 규정과 규율로만 이해했다. 하지만 지금의 사회는 관계와 조율, 유연한 협업 속에서 조용히 유지되는 '보이지 않는 질서'를 요구한다. 누가 나서지 않아도 각자의 역할을 다하는 '수평적 정돈'이 새로운 질서였다.

'희생'은 어떻게 바뀌는가.

군대에서 희생은 '나를 버리는 선택'이었다. 하지만 사회는 그런 희생을 요구하지 않았다. 오히려 건강한 거리 두기와 자율적인 헌신, 그리고 일과 삶의 균형을 더 중요하게 여겼다. 과거처럼 "내가 다 감당할게."가 아니라, "함께 나누자."가 더 설득력 있는 방식이었다.

나는 이 모든 변화 앞에서 내 가치를 부정하지 않기로 했다. 대신, 그 가치를 '다시 말할 수 있는 언어로 바꾸는 일'에 집중했다. 책임은 '리더십', 충성은 '몰입', 질서는 '조율력', 희생은 '기여'로 다시 번역됐다. 나는 더 이상 "군대에선 이랬다."는 말로 내 경험을 설명하지 않았다. 대신 "이런 방식으로 문제를 해결해 봤습니다."라고 이야기했다. 군 시절의 경험을 민간 사회의 언어로, 환경에 맞는 방식으로 전달하기 시작한 것이다.

어느 날, 협업 프로젝트에서 함께 일한 한 동료가 내게 말했다. "처음엔 선배님이 너무 딱딱해서 걱정했는데, 오히려 지금은 누가 있어야 할지 모를 때 제일 먼저 선배님이 떠올라요."

그 말을 듣는 순간, 나는 알았다. 가치는 버려야 할 것이 아니라, 시대에 맞춰 다시 '쓸 줄 알아야 할 것'이라는 걸. 이해받지 못한다고 고집을 부리는 건 고립일 뿐이다. 하지만 이해받을 수 있도록 다듬고 전환하면, 그것은 오히려 가장 깊은 신뢰의 기반이 된다.

지금 나는 여전히 군대에서 배운 태도를 잃지 않았다. 다만, 그것을 '지켜야 할 전통'이 아니라 '살려야 할 가치'로 바꾸어 살고 있을 뿐이다. 예전처럼 명령에 반응하는 사람이 아니라, 맥락을 읽고 공감하는 사람으로, 충성보다는 책임감 있게 함께하는 동료로, 지시 대신 설득으로 이끄는 리더로 거듭나고 있다.

그 변화의 중심엔 바로 '가치의 재정의'가 있었다.

나는 이제 안다. 가치는 틀림을 가리는 잣대가 아니라, 함께 가기 위한 다리라는 것을.

❼

살아남는 법, 살아가는 법

군대는 생존의 기술을 가르치는 곳이다. 상황 판단은 빠르고, 보고는 간결하게. 실수는 리스크고, 감정은 변수다. 22년간 나는 그 룰 속에서 훈련되고, 길들여졌고, 살아남았다. 주어진 임무를 완수하고, 위기 상황을 차단하고, 규정 속에서 판단하고 움직이는 것. 그건 곧 '존재의 조건'이었다.

살아남는 법은 곧 군인의 방식이었다.

보고할 땐 명확해야 했고, 불확실한 감정보다는 정확한 사실을 우선했다. 불필요한 말은 전략적 리스크였고, 실수는 곧 책임이었다. 내 말과 행동은 늘 누군가의 판단을 받았고, 그래서 언제나 긴장을 놓을 수 없었다. 그래서 나는 늘 준비되어 있어야 했고, 실수 없는 정답을 말해야 했다.

그 방식은, 군 안에서는 효율적이고 신뢰받는 방식이었다. '빠르고 정확하다'는 평가는 곧 내 존재의 증명이었다. 그러나, 전역 후 사회에 나오자 그 칭찬은 갑자기 '거리감'으로 바뀌었다.

어느 날, 회의 자리에서 상황 정리를 정확히 하고, 문제를 지적하며 개선안을 냈다.

그러자 돌아온 반응은 예상 밖이었다.

"선배님은 늘 말이 좀 딱딱하세요."

"공감보다는 훈계처럼 들릴 때가 있어요."

나는 당황했다. '맞는 말'을 했는데 왜 '불편한 말'이 되어버린 걸까? 내겐 이 방식이 '신속한 판단'이자 '생존 방식'이었는데, 사회는 그걸 '차가움'이라 불렀다. 그때 깨달았다.

"이곳은 내가 살아남아야 하는 전장이 아니라, 함께 살아가야 하는 사회구나."

군대는 '목표 중심'이었다. 명령이 주어지고, 그 목표를 얼마나 빠르고 정확하게 달성하느냐가 핵심이었다. 그러나 사회는 '관계 중심'이었다. 무엇을 했는지가 아니라, 어떻게 했는지, 누구와 함께 했는지, 그리고 그 과정에서 어떤 감정을 남겼는지가 더 중요한 가치가 되어 있었다. 혼란스러웠다. 하지만 그 혼란은, 내가 배워야 할 새로운 언어의 시작이기도 했다.

나는 조금씩 바꾸기 시작했다. 명확한 단어보다는, 상대의 감정을 먼저 읽어 보는 연습을 했다. 지적보다는 질문을 던졌고, 정답보다는 공감을 우선했다. 그건 처음엔 마치 왼손으로 젓가락질을 하는 기분처럼 어색했다.

"속도보다 온도."

사회는 그렇게 움직였다. 빠르게 말하는 것보다 '내가 지금 누구에게 어떤 말을 하고 있는지'가 더 중요했다.

어느 날, 딸이 조용히 말했다.

"아빠, 요즘엔 말이 좀 부드러워지고 따뜻해진 것 같아."

그 말에 울컥했다. 그건 단순한 칭찬이 아니었다. 오랜 군 생활을 통해 굳어졌던 내 말투와 태도, 그리고 '버티는 방식'이 비로소 사람과 사람 사이의 온기로 바뀌고 있다는 증거였다.

그때 알았다. 살아남는 법은 외워서 익히는 것이고, 살아가는 법은 느끼며 익혀야 하는 것이라는 걸. 군에서는 버티는 것이 곧 실력이었다. 하지만 사회는 버티는 것만으로는 살아갈 수 없었다. '잘 버티는 사람'이 아니라, '잘 살아 내는 사람'이 되기 위해선 혼자 완벽해지기보다, 함께 걸을 수 있어야 했다.

그건 태도의 변화이자 정체성의 전환이었다. 과거의 나는 '혼자 이겨 내는 힘'을 중요하게 여겼다. 하지만 지금의 나는 '함께 걸어가는 힘'이 더 깊은 가치임을 믿는다. 완벽한 보고보다,

"고맙습니다.", "수고하셨습니다."라는 한마디가 더 큰 신뢰를 만든다는 걸 이제는 안다.

이제 나는 누군가를 이기기보다 내 곁의 사람을 지키는 것에 더 큰 의미를 둔다. 살아남는 법은 내게 많은 걸 줬다. 위기에서도 무너지지 않는 끈기, 빠른 판단력, 책임지는 자세. 그건 여전히 내 강점이다.

하지만 살아가는 법은 내 삶을 더 단단하고 따뜻하게 바꿨다.

사람과의 연결, 느린 호흡, 함께 웃을 수 있는 하루. 그건 내가 이제야 배운, 진짜 '사는 법'이다.

  이제 나는, 생존이 아닌 '삶의 온도'를 고민하는 사람이 되었다. 그리고 그 변화가, 나를 더 사람답게, 그리고 더 나답게 만들어 주고 있다.

❽

다시 나를 세우다

군복을 벗는다는 건 단지 유니폼을 갈아입는 일이 아니었다. 그건, 수십 년 간 나를 감싸고 있던 언어와 질서, 역할과 명함, 모든 정체성을 벗어내고 맨몸으로 세상 앞에 서는 일이었다. 그토록 익숙했던 말투, 습관, 기준이 사라지자 나는 매일 아침 낯선 얼굴의 나와 마주해야 했다.

"이제 나는 누구인가?"

처음 몇 달, 마음 한가운데 중심축이 무너지는 기분이었다. 눈 뜨면 할 일이 없고, 누구도 나를 부르지 않고, 책임져야 할 보고도 없다. 조용히 흘러가는 시간 속에서 나 자신도 조용히 가라앉고 있었다.

군인으로 살았던 시간은 존재가 곧 역할이었던 시기였다. '소령 황연태', '작전과장 황연태', '중대장 황연태' 등, 이름 앞에 붙는 타이틀이 나를 설명했다. 내가 누구인지 고민하지 않아도 되었던 건, 조직이 곧 정체성이었기 때문이다. 하지만 그 모든 수식어가 사라진 지금, 나는 맨 이름 석 자만 남은 사람이 되었다.

"이제 무엇으로 살아야 하지?"

답은 없었다. 내가 잘하는 게 무엇인지도, 사회가 내게 무엇을 원하는지도 알 수 없었다.

정해진 답지가 없는 시험을 처음 보는 수험생처럼 막막했다.

하지만 이상하게도, 그 막막함이 끝은 아니었다. 조용한 무력감 속에서도 마음 한 구석에서 작은 기운이 피어올랐다.

"지금이 아니면, 진짜 나를 마주할 기회는 없을지도 몰라."

그래서 나는 멈추었다. '빨리 움직여야 한다'는 초조함을 내려놓고, 처음으로 속도를 늦췄다. 더 많이 일하려 하지 않고, 더 많이 나를 돌아보기로 했다.

"일이 아닌 사람 중심으로, '역할'이 아닌 '의미 중심'으로 나를 들여다보자."

그때 떠오른 건 군대 안에서 내가 가장 소중하게 여겼던 가치였다.

'사람을 믿는 태도', '약속을 지키는 자세', '내 자리에서 끝까지 버티는 책임감.'

그건 계급이 있어서가 아니라, 내가 사람으로서 지켜 온 기준이었다. 그리고 나는 깨달았다. 그 기준은 군복과 함께 사라지는 게 아니라, 이제부터 내가 '사람답게 살아가기 위해' 지켜야 할 방향이라는 것을.

나는 그 기준을 토대로 다시 걸어 보기로 했다. '군 간부 출신'이라는 타이틀을 숨기지 않고, 오히려 그것이 나에게 어떤 시간을 남겼고, 어떤 시행착오를 겪게 했는지 말할 수 있는 사람이 되기로 했다.

처음엔 조심스러웠다. 내 이야기를 꺼내는 게, 누군가에겐 실패로 보일까 두려웠다. 하지만 한번 용기를 냈을 때, 뜻밖의 반응이 돌아왔다.

"선배님 이야기 들으니까, 저도 막막하던 마음이 정리됐어요."
"나만 힘든 게 아니었구나. 공감이 됐습니다."

그 말들이, 마치 내 안에서 꺼져 가던 불씨에 다시 불을 붙였다.
"나는 여전히 누군가에게 의미 있는 존재일 수 있다."

그 확신이 들자, 나는 조금씩 다시 움직이기 시작했다.

강의를 시작했고, 글을 쓰기 시작했다. 후배 전역자들과 대화를 나누고, 멘토링 자리에 초대받기도 했다. 그 안에서 나는 다시 '필요한 사람'이 되어 가고 있었다. 존재감은 어떤 큰 성취가 아니라, 누군가에게 도움이 되는 바로 그 순간에 되살아난다는 걸 알게 됐다.

지금 나는 더 이상 '과거의 나'에 기대지 않는다. '소령', '작전과장'이라는 말로 불렸던 그 시절은 분명 내 삶의 중요한 챕터였다. 하지만 이제는 내 이름 석 자로, 내 목소리로, 내가 선택한 일과 방식으로 나를 소개할 수 있게 됐다. 다시 나를 세운다는 건, 과거를 버리는 것이 아니라 그 위에 지금의 나를 덧대고, 더 단단한 나를 만들어 가는 과정이었다.

나는 무너지지 않았다. 단지, 방향을 다시 정했을 뿐이다. 이전에는 누군가의 명령을 따랐다면, 이제는 내 기준과 가치로 내가 걸어갈 길을 스스로 만든다.

전역은 끝이 아니었다. 나를 다시 세우기 위한, 진짜 시작이었다. 지금 나는 여전히 배우고 있다. 사회라는 새로운 무대 위에서, 사람 사이의 언어를 익히고, 공감과 관계라는 무기를 새롭게 장착하며 살아가고 있다.

군복은 벗었지만, 그 안에서 배운 정신은 내 안에 고스란히 남아 있다. 그 정신이, 내가 다시 나를 세울 수 있는 가장 든든한 토대가 되어 주고 있다.

6장

2막을 여는 사람들

7천 명의 전역 장교들

❶
2차 베이비부머, 그들 이야기

요즘 전역 간부 교육장에서, 또는 전직지원프로그램 현장에서 마주하는 얼굴들이 있다. 표정은 담담하지만 눈빛은 흔들리고, 군복은 벗었지만 여전히 군기와 태도가 몸에 배어 있는 사람들. 대부분 1970년대 초반에서 중반에 태어난 2차 베이비부머 세대다. 한 해에만 7천여 명이 넘는 중장기복무 군 간부들이 전역하고, 이 중 상당수가 이 세대에 속한다.

이들은 어릴 적 IMF를 견뎠고, 20대에 취업난과 싸웠고, 그리고 30대부터는 국방이라는 조직에서 한 자리씩 버텨 낸 사람들이다. 가족을 책임지고, 부대를 지키며, 자기 삶을 후순위로 밀어놓고 살아온 시간만 15년에서 20년. 그런 그들이 이제 다시 '나'라는 이름으로 사회에 나와 완전히 새로운 인생의 2막을 열어야 하는 시점에 서 있다.

그들의 공통점은 명확하다. 성실하다. 책임감 있다. 그리고 조직 생활에 강하다. 하지만 안타깝게도 민간 사회는 그들의 이런 '내면'을 보기보다 스펙과 연령, 시장 적합성으로만 평가하는 경우가 많다.

"장교 출신이면 리더십은 있겠지만, 실무 경험은 부족하지 않나요?"
"연차가 많아서 비용 부담이 클 것 같아요."
"조직 문화에 적응할 수 있을까요?"

이런 질문 앞에서 그들은 마음 깊은 곳에서부터 스스로를 의심하게 된다. 자신감은 금세 불안으로 바뀌고, 몇 번의 탈락 후엔 '나는 왜 나왔을까'라는 회의에 빠지기도 한다.

"능력은 준비되어 있지만, 언어와 증명 방식이 달라 세상과 단절되는 사람들. 그들이 바로 2차 베이비부머 전역 간부들이다."

나는 그들을 볼 때마다 내 과거를 보는 듯한 묘한 감정에 휩싸인다. 한때는 나도 그랬다.

군에서의 수많은 경험이 왜 이 사회에선 '읽히지 않는 문서'처럼 느껴지는지, 나를 증명해야 하는 이 생소한 세계에서 왜 이토록 '고립된' 느낌이 드는지를 뼈저리게 경험했다.

하지만 이들은 분명히 우리 사회가 놓쳐선 안 될 잠재력 있는 사람들이다. 한 번 정해진 임무는 포기하지 않고, 위기 상황에선 누구보다 침착하며, 조직을 살리고 팀을 이끌어 본 경험이 있는 이들이다.

"그들의 문제는 능력이 아니라, 그 능력을 새롭게 풀어낼 기회를 주는 사회의 부족함이다."

이제 우리에게 필요한 건 그들이 사회와 연결될 수 있는 새로운 언어를 만드는 일, 다리를 놓아 주는 플랫폼과 교육, 그리고 실패해도 다시 시도할 수 있도록 지지해 주는 시스템이다.

2차 베이비부머 전역 간부들, 그들은 단지 군대를 떠난 사람이 아니다. 누군가의 아버지, 누군가의 남편이자, 앞으로 사회에 기여할 수 있는 잠재된 리더들이다. 이 책이 그들의 이야기로부터 누군가에게 이해와 공감의 문을 여는 계기가 되길 바란다. 그리고 그들 스스로도 다시 일어설 수 있다는 긷음을 조금이나마 되찾길 바란다.

"군복을 벗었다고 정신까지 벗는 건 아니다. 그들의 가치는, 지금부터가 시작이다."

❷ 훈련받은 리더

 군대는 단순한 조직이 아니다. 그곳은 사람을 훈련시키는 공간이 아니라, 사람을 '살려야만 하는' 공간이다. 그 안의 리더십은 교과서가 아닌 현실에서 다듬어진다. 생사를 오가는 위기 상황, 촌각을 다투는 판단, 사람을 움직이는 말 한마디, 전력을 다해 지켜내야 하는 조직.

 군 간부는 그 모든 장면을 실제로 견디며 성장한 사람들이다. 그들은 단지 지시하고 통제하는 리더가 아니라, 문제를 직접 해결하고, 실패를 감수하며, 최전선에서 함께 땀 흘려 온 '현장형 리더'다.

 그런 리더들이 매년 수천 명씩, 아무 말 없이 사회로 나온다. 나이로는 30대 중후반에서 50대 초반, 가족을 책임져야 하고, 경제적 기반을 유지해야 하며, 그 어떤 시기보다 커리어의 균형이 중요한 시점이다.

 그럼에도 불구하고, 그들을 위한 자리, 시스템, 기회는 놀라울 만큼 부족하다.

"조직의 중추였던 사람들이, 민간에선 가장자리로 밀려난다."

군대는 사람을 키우는 시스템이다. 인성과 태도, 책임감, 성실성, 위기 대응 능력. 이 모든 것들을 갖춘 '준비된 리더'를 수십 년간 직접 길러 낸다. 그러나 정작 그들이 군문을 나선 순간, 사회는 그 가치를 읽지 못한다. 이력서에 적힌 '소령 전역'은 대부분의 채용 담당자에겐 낯선 단어다. 면접에 나가면 "계급은 어떤 일을 하나요?", "군대는 좀 문화가 다르죠?" 같은 질문들이 돌아온다.
그리고 곧바로 따라오는 추측들.
"조직 융화력이 떨어지지 않을까?"
"권위적이지는 않을까?"
"리더십이 너무 딱딱하지 않을까?"
이건 평가가 아니라, 오해에 가까운 단정이다. 민간은 리더십을 갈망한다. 그런데 이미 검증된 리더는 외면받는다.
기업은 말한다.
"좋은 리더가 없어요."
"팀장 한 명 제대로 세우기 어렵습니다."
그래서 수천만 원을 들여 외부 강사와 코치, 리더십 워크숍을 반복한다.
그러나 바로 그 옆방, 이력서 서류함 어딘가엔 이미 수십 명의 부하를 지휘하고, 수억 원 예산을 집행하며, 작전과 위기를 실전으로 통과한 리더들이 대기 중이다. 단지, '언어'가 다르고, '타이틀'이 생소하다는 이유로 그들은 다시 불리지 않는다.

"리더십은 타이틀이 아니라, 훈련과 실전의 결과다."

군 간부들은 바로 그 훈련을 '현장에서' 받아왔다.

"이 사람들, 정말 우리 조직에 어울릴까요?"라는 질문 앞에서 당신이 찾는 리더는 어떤 사람인가? 위기에서 끝까지 책임지는 사람? 조직 안에서 다양한 성향을 조율하는 사람? 지시 없이도 스스로 움직이는 팀을 만드는 사람?

군 간부는 이미 그런 상황 속에서 하루하루를 버텨 온 사람이다. 계획과 실행을 동시에 책임졌고, 부하의 특성을 분석해 배치했으며, 작전 실패의 책임을 회피하지 않았다. 그들에게 리더십은 선택이 아니라, 생존의 방식이었다. 문제는 그들이 아니다. 그들을 받아들일 준비가 되지 않은 사회다.

우리는 묻지 않았다.

"이들은 어떤 자산을 가졌는가?" 대신, "이들은 우리와 다르지 않은가?"를 먼저 물었다.

결국 그들은 리더였음에도, 채용 시장의 가장자리에서 자기 가치를 증명해야만 하는 '이방인'이 되었다.

하지만 사회가 이제는 물어야 한다. 이 훈련된 리더들이, 정말 쓸모없는 자산인가? 기업과 조직은 이들을 수용할 구조를 가지고 있는가?

"좋은 리더는 만들어지는 것이 아니라, 단련된 시간 속에서 길러진다."

군 간부는 그런 시간 속에서 검증된 사람이다. 우리는 지금 새로운 시대의 리더십을 이야기한다. 신뢰, 실행력, 문제 해결 능력, 위기 대응력, 공감과 균형. 그 모든 키워드는 그들의 지난 시간 안에 이미 내재돼 있다.

이제는 인식과 시스템이 바뀌어야 할 때다. 그들이 다시 궤도 위로 올라설 수 있도록, 조금 더 열린 구조, 조금 더 유연한 언어, 그리고 조금 더 따뜻한 시선이 필요하다. 그렇게만 된다면, 그들은 다시 최고의 리더로 돌아올 것이다. 이번엔, 민간이라는 전장에서.

"전장을 통과한 리더들이 민간에서 외면받고 있다면, 그것은 그들의 실패가 아니라 우리 시스템의 실패다."

"그들은 준비되어 있다. 문제는 우리가 그들을 부르고 있는가, 아닌가다."

❸ 사회의 준비

 군대를 나온다는 건, 단지 한 직장을 그만두는 것이 아니다. 삶의 방식 전체가 바뀌는 일이다. 그 변화는 생각보다 깊고, 크고, 낯설다. 그리고 그 변화의 길목에 서 있는 전역 간부들에게 사회는 제대로 된 안내표지 하나 마련해 주지 못하고 있다.
 해마다 7천여 명에 달하는 중장기복무 장교·부사관들이 전역한다. 이들은 대부분 30대 중반에서 50대 초반, 사회에서는 흔히 '경력자', '중간 관리자'라고 분류되는 인재군이다. 하지만 현실은 냉정하다. 이들을 위한 준비는 어디에도 없다.
 전직지원 프로그램은 있되, 지속적인 진로 설계나 커리어 트래킹은 없다. 각종 교육은 있지만, 현장에서는 그들의 경험을 언어로 전환해 주는 중간 해석자가 부족하다. 무엇보다, 이들을 '리더'로 키워 온 군은 그들이 사회에선 리더가 아니라 다시 '초짜'로 시작해야 한다는 현실을 마주할 준비가 안 되어 있다.

"문제는 개인의 역량이 아니라, 그 역량을 받아 줄 사회 시스템의 부재다."

어떤 장교는 전역 후 자신감 있게 기업에 이력서를 냈지만, "너무 조직에 길들어 있지 않냐."라는 피드백을 받았고, 어떤 부사관은 기술 자격증을 땄음에도 "현장 경험이 없다."라는 이유로 번번이 문턱을 넘지 못했다. 군에서 리더로 살았던 이들이 민간에선 자신의 가치를 증명할 기회조차 갖지 못하는 현실. 그것이 지금 대한민국이 안고 있는 중장기 전역자 문제의 핵심이다.

"우리는 훈련된 사람을 길러 냈지만, 그들이 사회로 나가는 문을 제대로 만들진 않았다."

이는 단지 국방부나 국가보훈부의 과제가 아니다. 국가 전체가 함께 고민해야 할 구조적 전환의 문제다. 장교와 부사관은 단지 군인이 아니라, 국가가 투자한 전략적 인재다. 그들의 사회 이탈은 개인의 문제가 아니라, 국가 자산의 유실이다.

더 큰 문제는, 그렇게 방치된 이들이 자존감을 잃고 점점 '할 수 있는 일'이 아니라 '할 수밖에 없는 일'을 찾아 떠나는 현실이다. 경비직, 운전직, 일용직……. 그것이 잘못된 선택이라는 게 아니다. 다만 그 선택이 "유일한 대안"이 되는 상황은 분명 문제가 있다.

"군에서의 시간은 귀한 자산이어야지, 짙은 그림자가 되어선 안 된다."

이제는 사회가 먼저 움직여야 한다. 전역자를 위한 리스킬링 교육을 경력 전환 중심으로 설계하고, 그들의 경험을 산업군별로 '언어화'할 수 있는 컨설팅 플랫폼이 필요하다. 그리고 무엇보다, '쓸모 있는 사람'이 아니라, '의미 있게 함께할 사람'으로 이들을 바라보는 인식의 전환이 시급하다.

군은 그들을 잘 준비시켰다. 하지만 사회는 그들을 맞이할 준비가 되어 있지 않았다.

그 공백을 메우는 일, 이제 우리가 시작해야 할 몫이다.

"군복을 벗은 리더가 길을 잃는다면, 그건 개인의 실패가 아니라, 사회가 그들의 지도를 준비하지 못한 결과다."

❹ 좌절과 재도약의 경계

전역 후, 대부분의 중장기 복무 간부들은 말은 안 해도 똑같은 감정을 겪는다.

"어디서부터 어떻게 다시 시작해야 하지?"

강한 척하지만 속은 흔들리고, 단단해 보이지만 어느 날 갑자기 무너지는 순간이 찾아온다. 계급장을 떼고 민간이 나선 순간, 자신이 무엇으로 평가받는지 모호해진다. 과거엔 군복과 계급이 스스로를 설명해 줬다. 하지만 사회는 그것을 보지 않는다.

"지금 무슨 일을 할 수 있냐." 오로지 그것만 묻는다. 그리고 그 질문 앞에서 많은 전역 간부들이 스스로를 '과거에만 의미 있었던 사람'처럼 느끼기 시작한다. 좌절은 그렇게 찾아온다. 연이은 불합격 통보, 면접 후 돌아오지 않는 연락, 현장에서 마주하는 "군대는 좀 다르잖아요."라는 말들. 아무리 굳건했던 사람도 '내가 틀린 길을 걸었던 건 아닐까', '내 인생은 여기까지인가'라는 생각에 사로잡히게 된다.

"좌절은 실패가 아니라, 관성의 종말이다."

군의 질서와 논리가 더 이상 통하지 않는 사회 속에서 새로운 원칙과 언어로 자신을 다시 구성하지 못하면, 그 간극은 깊은 절망이 된다. 하지만 바로 그 순간이, 재도약의 경계에 서 있는 순간이다. 실패를 여러 번 겪었던 한 전역 간부는 내게 이렇게 말했다.

"전에는 면접장에서 '내가 뭘 해 왔는지'만 얘기했는데, 지금은 '당신의 문제를 내가 어떻게 해결할 수 있는지'를 말하게 됐어요. 그게 바뀌니 기회가 열리더군요."

그 말은 내가 하고 싶었던 말을 정확히 담고 있었다.

"경력은 기억이고, 가치로 바꾸려면 언어가 필요하다."

재도약은 기술의 문제가 아니다. 정체성을 다르게 말할 수 있는 용기에서 시작된다. 군인의 언어로는 끝까지 갈 수 없다. 사회는 민간의 리듬과 방식으로 문제를 풀어내야 하는 곳이다. 그 변화 앞에서 자신을 유연하게 만드는 사람만이 다시 날 수 있다. 누구에게나 좌절은 찾아온다. 하지만 모두가 다시 뜰 수 있는 건 아니다. 차이는 좌절 속에 멈추느냐, 그 벼랑 끝에서 방향을 틀 수 있느냐에 있다.

"낙담은 멈춤이지만, 전환은 선택이다."

전역 간부들에게 나는 이렇게 말하고 싶다. 당신은 끝난 게 아니다. 단지, 다른 방식으로 당신의 힘을 증명할 기회를 기다리고 있을 뿐이다. 좌절의 시간을 지나온 사람만이 진짜 삶의 무게를 안다. 그리고 그 무게를 안 사람만이, 사회 속에서 진짜 리더가 될 수 있다.

재도약은 멀리 있는 게 아니다. 당신의 경험, 태도, 책임감, 그 모든 것이 새로운 언어와 전략을 만나면 다시 세상을 설득할 수 있는 무기가 된다. 당신은 넘어지지 않았다. 단지 방향을 다시 잡아야 할 시점에 서 있을 뿐이다. 지금이 바로, 좌절이 끝나고 도약이 시작되는 경계다.

❺
경험을 방식으로

 군 생활을 오래 했다는 건 단순히 오래 있었다는 뜻이 아니다. 그건 매일같이 사람을 다루고, 상황을 판단하고, 문제를 풀며 '몸으로 경험한 시간'이 축적됐다는 뜻이다.

 전방에서 혹한기를 버티며 작전 상황을 판단하고, 예상치 못한 위기에서 책임을 지며 조직을 지탱했던 시간들. 갈등을 조율하고, 후임을 성장시켰던 날들. 단 하루도 가볍게 지나간 날이 없었다. 그 모든 순간들이 내 안에 켜켜이 쌓여 있었다.

 하지만 전역 후, 내가 처음 마주한 질문은 생각보다 단순하고도 냉정했다.

 "그 경험, 우리 조직에 어떤 쓸모가 있나요?"

 그 말 앞에서 나는 잠시 멈췄다. 내가 가진 자산이 무의미하다는 뜻일까? 그동안의 시간들이 사회에서는 평가받지 못하는 것일까? 아니었다. 가치는 분명 내 안에 있었지만, '쓸모 있는 방식'으로 전달되지 않았을 뿐이었다.

"내가 해 온 일이 아니라, 지금 어떤 문제를 해결할 수 있는지 말해야 한다."

나는 한동안 '있는 그대로'를 이야기했다. 내가 해 온 일, 지휘했던 부대 규모, 감당했던 예산과 책임들. 하지만 들어오는 반응은 대부분 '고개를 끄덕이는' 수준에 그쳤다.

그 순간 깨달았다. 내 언어는 상대의 현실과 닿지 못하고 있었다. 군이라는 특수한 환경에서 만들어진 내 경험을, 민간의 문법으로 '번역'하지 않으면, 그들은 그 안의 가치를 알아볼 수 없다는 사실을. 그때부터 나는 스스로에게 물었다.

"내가 해 온 일은, 지금 사회에서 어떤 문제와 연결될 수 있을까?"

"그 경험을 어떻게 말해야 이해받을 수 있을까?"

예를 들어, "작전 계획을 수립했다."라는 말은 누군가에겐 추상적인 표현일 수 있다. 하지만 그 안을 열어 보면, 불확실한 상황에서 빠르게 전략을 설정하고, 다양한 이해관계를 조율해 실행 가능한 방향으로 통합하는 역량이 담겨 있다. 이것은 단지 '계획 능력'이 아니다. 위기 속에서도 중심을 잡고 실행할 수 있는 '현장형 리더십'의 실전 사례다.

"가치는 내 안에 있고, 쓸모는 그것을 꺼내는 방식에 달려 있다."

아무리 훌륭한 경험도, 아무리 인상 깊은 성과도, 상대가 알아들을 수 있는 언어로 '전달'되지 않으면 그건 말 그대로 '묻혀 있는 자산'일 뿐이다. 나는 그 사실을 뼈저리게 느꼈고, 그때부터 나의 경험을 '꺼내는 훈련'을 시작했다. 단순히 이력서를 쓰는 수준이 아니었다. 내가 했던 모든 결정, 그 배경, 그 결과가 오늘 어떤 조직 문제에 적용될 수 있는지를 분석하고 해석하는 일.

회의 기록, 위기 대처 사례, 부대 지휘 보고서, 성과 평가 자료까지 다시 꺼내 정리했다.

그 안에서 나는 스스로에게 다음과 같은 질문을 던졌다.

"왜 이 판단을 내렸는가?"

"어떤 원칙과 기준이 작용했는가?"

"그 선택은 어떤 문제를 풀었고, 누가 성장하게 되었는가?"

그 질문에 답하며, 나는 점점 확신하게 됐다. 내가 가진 건 단지 '군 생활 경력'이 아니라, 위기 속에서 증명된 문제 해결력과 실행력이라는 실전 자산이었다. "당신의 경험이 왜 중요한가요?"라는 질문에 답하는 법 지금은 누군가가 그렇게 묻는다면, 나는 이렇게 말할 수 있다.

"제가 해 온 경험은 과거의 이야기가 아닙니다. 그것은 위기와 변화 속에서 어떻게 판단하고 실행하는지를 보여 주는 '리더십의 과정'이었습니다. 지금 귀하의 조직에서 발생하는 갈등이나 전략 실행의 병목을 함께 짚어 드릴 수 있습니다."

이제 나는 내 경험을 '설명'하는 것이 아니라, 상대의 현실에 닿도록 '활용 가능한 도구'로 보여 주는 사람이 되려 한다. 경험은 스펙이 아니라, 전략이 되어야 한다. 군 생활은 내게 많은 걸 줬다. 하지만 그 자체로는 사회에서 '경력'이 아니라 '이력'일 뿐이다.

진짜 중요한 건, 그 경험을 어떻게 '해석'하고, 어떻게 '적용'할지를 끊임없이 고민하고 다듬는 일이다. 나는 매일 그 훈련을 한다. 이력서를 다시 쓰고, 강의안을 만들고, 후배에게 조언하며, 내가 살아온 시간을 하나의 '전략적 자산'으로 전환해내는 작업.

"누구나 경험은 있다. 그러나 방식이 있어야 그것이 쓸모가 된다."

그 경험이 사회에서 통하는 '언어'로 말해질 수 있어야 한다. 그리고 그것이 누군가의 문제 해결에 기여할 수 있는 방식으로 구조화되어야 한다. 나는 그 방식을 찾는 중이고, 그 방식을 통해 다시 사회와 연결되고 있다.

군 경력은 단지 스펙이 아니다. 그건 '문제를 풀어 온 방식'의 기록이고, 지금도 쓰일 수 있는 살아 있는 전략이다. 중요한 건 그걸 꺼내는 나의 방식이다. 나는 오늘도, 내 경험을 누군가의 조직과 현실에 연결하는 훈련 중이다.

멘토의 필요성

전역을 앞둔 한 장교가 조심스럽게 내게 물었다.
"선배님, 정말 괜찮아지긴 하나요?"
그 질문 속엔 수많은 감정이 담겨 있었다. 두려움, 불안, 기대, 그리고 막막함. 나는 짧게 대답했다.
"혼자는 어렵지만, 같이 가면 가능해."
전역 이후의 길은 예상보다 복잡하고 낯설다. 지도는 있지만 방향이 헷갈리고, 길은 있지만 어디가 안전한지 알 수 없다. 그럴 때 필요한 건 단 하나다. 앞서 걸어간 누군가의 발자국. 군대에선 명확한 선임이 있었고, 조직 안의 질서가 있었다. 하지만 사회는 다르다.
'알아서 해야 하는 세상.'
그래서 더 막막하다. 바로 이 시점에서 '멘토'의 역할이 절실해진다. 멘토는 단지 조언을 해 주는 사람이 아니다. 혼란 속에서 기준을 잡아 주는 사람, 실패 속에서 방향을 다시 가리켜 주는 사람, 그리고 내가 누구인지 잊지 않도록 거울이 되어 주는 사람이다. 전역 후 1년쯤 지난 시기, 나는 한 민간 기업의 대표와 대화를 나눈 적이 있다. 그는 내 말을 조용히 듣더니 이런 말을 건넸다.

"당신은 자기 안에 있는 군인을 너무 미워하고 있네요. 그 군인은 당신의 자산인데."

그 한마디가 내 마음을 뒤흔들었다. 그날 나는 깨달았다. 멘토는 나를 바꾸는 사람이 아니라, 내 안의 가치를 다시 보게 만드는 사람이라는 걸. 이후 나는 더 이상 내 군 경력을 감추지 않았다. 대신 그 경험을 사회의 언어로 풀고, 문제 해결의 자산으로 다듬기 시작했다. 그 계기가 없었다면, 지금의 나는 없었을 것이다.

"사람은 조언이 아닌 경험으로 변화한다. 그리그 그 경험은, 누군가의 이야기를 통해 완성된다."

지금도 나는 전역을 앞둔 후배들에게 이야기해 주는 일을 멈추지 않는다. 화려한 성공담이 아니다. 실수했던 이야기, 방황했던 시간, 다시 일어선 방식. 그 모든 것을 나누는 이유는 단 하나. 누군가에겐 그 이야기가 지도보다 더 큰 이정표가 되기 때문이다.

군에서의 경력은 무겁다. 그 무게를 혼자 감당하면 버겁지만, 함께 짊어지면 그건 전문성이라는 이름의 자산이 된다. 멘토는 거창하지 않아도 된다. 그저 먼저 겪은 사람, 먼저 다녀온 사람, 그리고 이제 그 길을 함께 걷겠다는 의지가 있는 사람이면 된다.

"인생 2막의 출발선에선 경쟁자가 아니라, 방향을 알려 줄 사람이 필요하다."

우리에겐 더 많은 멘토가 필요하다. 그리고 지금 이 글을 읽고 있는 당신이 누군가에게 그 첫 번째 사람이 될 수 있다. 나도 그렇게 시작했다. 그리고 그 여정은 지금까지 단 한 번도 헛되지 않았다.

❼ 꾸준한 배움

 배움이 무기가 되기까지, 나는 다시 사람이 되어야 했다. 군대는 반복의 조직이었다. 숙달이 목표였고, 사고보다 반응이 우선이었다. 한 번 배운 건 몸이 기억할 때까지 반복했고, 낯선 상황도 매뉴얼에 따라 움직이면 '큰 문제'는 없었다. 그러니 굳이 새롭게 '배우는 일'은 많지 않았다. 익힌 것을 제대로 수행하면 됐다. 어쩌면 그건 배움이 아니라, 정해진 질서에 나를 맞추는 일이었는지도 모른다. 그러나 전역 후, 세상이 던진 첫 번째 질문은 이랬다.
 "지금 당신은 무엇을 배우고 있습니까?"
 순간 말문이 막혔다. 나는 이미 충분히 배웠다고 생각했다. 야전에서 판단했고, 사람을 이끌었고, 위기에서도 흔들리지 않았다. 누군가에겐 리더였고, 결정자였고, 해결사였다. 그런데 이 질문 앞에서 나는 '아무것도 배우지 않고 있는 사람'이 되어 있었다.
 민간 사회는 '지금' 배우고 있는 것을 중요하게 여겼다.
 '과거에 얼마나 오래 버텼느냐'보다 '지금 얼마나 유연하게 적응하느냐'가 평가의 기준이었다. 그래서 나는 다시, 배우기 시작했다. 장교가 아닌 사람으로서, 리더가 아닌 학습자로서.

가장 먼저 배운 건 '경청'이었다. 군대에선 지시는 위에서 내려오고, 아래는 명확히 복명복창하는 구조였다. 듣는 일은 곧 명령을 이해하기 위한 과정이었지, 상대의 마음을 듣는 건 아니었다. 하지만 사회는 달랐다. 말을 잘하는 사람이 아니라, 잘 듣는 사람이 신뢰를 얻는 세상이었다.

사람들은 누군가에게 이해받고 싶어 했고, 내가 어떤 말을 했느냐보다 상대가 어떤 마음을 품고 떠났느냐가 더 중요했다. 나는 말을 아끼는 대신, 듣는 법을 배워야 했다. 명확한 지시 대신 공감과 여백의 대화를 익혀야 했다.

그 다음은 '표현'이었다. 군대에선 보고는 간결하고, 명확하고, 단정적이어야 했다.

"~했습니다. ~조치하겠습니다."로 끝나는 문장이 익숙했다. 그러나 사회에선 말이 곧 관계였다. 지시보다 설득이 필요했고, 명료함보다 공감이 흐르는 표현이 더 중요한 순간이 많았다.

내 의도를 뾰족하게 전달하는 것보다, 상대의 감정을 다치지 않게 돌보는 언어가 더 큰 리더십이 되기도 했다. 나는 어색한 감정을 단어에 담는 연습을 했다.

"죄송합니다.", "감사합니다.", "저도 이해가 부족했습니다." 군에서 한 번도 꺼내지 않았던 말들이 내 입에 서서히 익기 시작했다.

"배움은 새로운 정보를 얻는 게 아니라, 나를 새롭게 보는 것이다."

그 말을 이해하는 데 시간이 걸렸다. 이전엔 배움이 '지식'이었지만, 이제는 배움이 곧 '자기 이해'였다. 나는 내 언어가 얼마나 경직되어 있었는지, 내 사고가 얼마나 위계에 익숙히 있었는지를 매일 조금씩 깨달아갔다.

어느 날, 누군가 내게 물었다.

"선배님은 이제 다 정리되셨겠네요. 이젠 내려놓고 사시죠?"

나는 웃으며 대답했다.

"아니, 나도 여전히 배우는 중이야. 끝난 건 없어. 난 지금도 새로워지고 있는 중이야."

사실 그 말은 내게도 위로였다. 군 생활을 마쳤다고 해서 인생의 정답을 얻은 건 아니었다. 오히려 새로운 질문 앞에서, 계속 다시 답을 찾아가야 하는 사람이 되었다. 그리고 그게 내가 살아 있다는 증거 같았다. 지금도 나는 매일 한편의 글을 쓰고, 매주 한 권의 책을 읽고, 강의실을 찾아서 강의를 듣는다. 내가 아는 것을 설명하기보단, 모르는 것을 묻는 사람이 되려고 노력한다. 이젠 안다. 계급도, 연차도, 자존심도 배움 앞에선 모두 내려놔야 한다는 것을. 나는 더 이상 '알고 있는 사람'이 아니라 '알아 가고 있는 사람'으로 살고 싶다. 멈추지 않고, 조금씩 더 유연하게, 더 솔직하게 세상과 나를 배우고 있다.

"배우는 사람은 늙지 않는다. 그리고 멈추지 않는 사람은 결국 연결된다."

나는 그 말을 믿는다. 그래서 오늘도, 나는 한 줄의 글을 읽고 한 명의 사람에게 귀 기울이며 내 인생의 다음 문장을 천천히 써 내려가고 있다.

8

함께 길을 만드는 사람들

　전역은 개인의 결정이지만, 그 여정은 결코 혼자의 몫이 아니다. 군복을 벗는 순간부터 시작되는 인생 2막은 앞서 걸은 이들의 경험과, 옆에서 함께 걷는 사람들의 손길이 있어야 비로소 '길'이 된다.

　나는 그 길 위에서 수많은 동료들을 만났다. 처음엔 나도, 그들도 모두 '전역자'라는 공통의 낯선 타이틀로 서로를 바라봤다. 하지만 시간이 지나며 알게 됐다. 우리는 단지 군 출신이 아니라, 같은 질문을 품고 살아가는 사람들이라는 것을.

"나는 앞으로 무엇으로 불려야 할까?"
"지금 이 길이 맞는 걸까?"
"내가 가진 이 경험, 어떻게 사회에 연결시킬 수 있을까?"

　이 질문들을 마음속에 품고 누군가는 글을 쓰고, 누군가는 자격증 공부를 하며, 누군가는 다른 전역자를 붙잡고 이야기를 나눴다. 그리고 그 하나하나가 길이 없던 곳에 생긴 작은 발자국이 되었다.

"사람은 혼자 걸을 수 있지만, 같이 걸을 때 비로소 길이 된다."

나는 지금도 매달 수많은 전역 간부들을 만난다. 그들은 말한다.

"이야기를 들으니 좀 안심이 됩니다."

"누군가 먼저 겪은 걸 알려 줘서 다행이에요."

그 말들을 들을 때마다 나는 혼자가 아니라는 사실이 얼마나 큰 위로가 되는지 다시금 깨닫는다. 혼자였더라면 버티기 힘들었을 시간을 우리는 함께였기에 넘어지지 않고 지나올 수 있었다. 그리고 이제, 내가 누군가의 '먼저 간 사람'이 될 수 있다면 그 또한 내가 받은 위로를 되돌려 주는 방식이라 믿는다.

그래서 나는 책을 쓰고, 강연을 하고, 작은 모임에서 내 이야기를 꺼낸다. 화려한 성공담이 아니라, 좌절했고 다시 시작했고 지금도 배우며 걷고 있는 사람의 이야기로 말이다.

우리는 혼자선 빠르게 갈 수 있지만, 함께 가야 멀리 갈 수 있다. 전역 간부, 중장기 복무자, 그리고 이 길을 준비하는 후배들이 함께 연결되어야 한다. 그 연결이 사회라는 전장 안에서 제대로 서는 길, 그리고 살아 내는 법을 배우는 길이 된다.

"지금 이 순간에도 누군가는 먼저 걷고 있고, 누군가는 뒤에서 길을 잇고 있다. 우리는 그렇게, 함께 길을 만드는 중이다."

그리고 이 길의 끝에는 각자의 이름이 아닌 서로의 이야기가 이어진 하나의 '이정표'가 남게 될 것이다. 그것이, 으리가 함께 걸어야 하는 진짜 이유다.

군복을 벗었지만 사명은 계속된다

지금의 나는 누구인가

❶
이어지는 사명

 군복을 벗는다는 건 단지 조직을 떠난다는 뜻이 아니었다. 내게 주어진 '형식'이 바뀌었을 뿐 내 안의 중심은 여전히 같은 방향을 가리키고 있었다.

 "사명."

 그 단어는 군 시절 내 삶의 기준이었다. 지휘관으로서, 중간 관리자이자 책임자로서 나의 존재 이유는 '누군가를 지키는 일'이었고, 그 책임감은 삶의 모든 판단과 태도를 결정지었다. 전역 후 한동안 그 사명이 사라진 줄 알았다 하지만 시간이 흐르며 나는 알게 됐다. 사명은 옷이 아니라 마음에 새겨지는 것이고, 그 본질은 역할을 달리해 계속 이어질 수 있다는 것을.
 전역 직후, 우연한 기회에 군 간부 전직 준비 과정에서 강의를 하게 됐다.
 "내가 무슨 강의를 해?" 하며 망설이던 순간도 있었지만, 막상

이야기를 시작하자 청중의 눈빛은 낯설지 않았다. 과거의 나와 똑같은 불안과 질문을 품은 시선이 느껴졌다.

그날 이후 나는 결심했다. 내 경험을 나누는 일은 단순한 전달이 아니라, 또 다른 방식의 '지휘'이고 '지원'이다. 방향을 잃은 후배들에게 지도와 나침반이 되어줄 수 있는 방식의 사명. 이후 나는 본격적으로 전역 간부 대상의 진로 설계, 역량 전환, 민간 커뮤니케이션,

자기 언어 만들기 등 다양한 주제로 강의와 컨설팅을 이어 갔다.

어느 날 한 수강생이 말했다.

"선배님 덕분에 처음으로 전역이 '끝'이 아니라 '다시 시작하는 과정'이라는 걸 알았습니다."

그 한마디는 군 시절 어떤 표창보다도 더 큰 울림으로 다가왔다.

"당신의 말 한마디가 누군가의 삶을 바꿀 수 있다면, 그건 여전히 사명을 다하고 있는 것이다."

지금도 나는 종종 강단에 선다. 때로는 책상 너머에서, 때로는 회의실에서 한 사람 한 사람의 이야기를 듣고, 그들의 경력을 사회의 언어로 바꿔 주는 작업을 한다. 그것은 단순한 커리어 컨설팅이 아니다. 그들의 자존감을 다시 세워 주는 일이다, 그리고 새로운 무대에서 설 수 있도록 '내가 너를 믿는다'는 응원의 신호를 건네는 일이다.

"군복은 벗었지만, 사명은 여전히 살아 있다. 이제 나는 말과 마음으로 사람을 이끈다."

강의와 컨설팅은 내게 새로운 역할이지만, 결국 본질은 같았다. 군 시절, 내가 했던 모든 일의 중심엔 '사람'이 있었고, 지금 역시 그 사람을 돕는 일이 내 사명의 연장선 위에 있다.

어쩌면 진짜 사명은 계급이 사라진 이후에 더 선명해지는 것인지도 모른다. 지금 나는 더 이상 누군가를 지휘하지 않지만, 누군가의 앞에서 길을 밝히는 사람으로, 오늘도 내 자리에서 사명을 다하고 있다.

❷
군인의 철학

군복은 벗었지만, 나를 지탱하는 중심은 그대로다. 군인으로 살아온 22년, 내게 가장 강하게 남은 건 '명령'도, '훈련'도 아니었다. 그 시간들을 관통하며 가슴 깊이 새겨진 건 오히려 '철학'이었다. 누군가는 군인을 '규율에 길든 사람'으로 본다. 하지만 나는 다르게 생각한다. 군인의 철학이란, 어떤 상황에서도 자신이 지켜야 할 기준을 놓지 않는 태도. 그것은 단지 복종이 아닌, 스스로 세운 기준을 끝까지 견디는 사람의 자세였다.

"말한 것은 지킨다. 책임은 끝까지 진다. 모호함은 묻고, 명확함으로 바꾼다."

나는 이 단순한 세 가지를 기준 삼아 살았다. 상관이 보지 않아도, 보고서가 올라가지 않아도, 남들보다 더 준비하고, 더 정리하고, 더 치밀하게 움직였다. '그 정도면 됐다'는 말이 나는 가장 불편했다. 그렇기에 한 걸음 더, 한 번 더, 끝까지.

하지만 전역하고 사회에 나왔을 때, 그 철학은 처음엔 벽처럼 느껴졌다. 회의가 시작해도 모두가 제 시간에 오는 것이 아니었고, 모호한 지시엔 누구도 '정확히 어떤 걸 원하시죠?'라고 되묻지 않았다.

"그냥 분위기 봐서 적당히 맞춰."

그 말은 군에서라면 상상도 할 수 없는 지시였다. 나는 혼란스러웠다. 내가 너무 각진 사람은 아닐까? 군대식 태도가 이 시대엔 맞지 않는 걸까?

그렇게 한동안은 스스로를 조정하려 애썼다. 말을 줄이고, 질문을 덜고, 나를 감췄다. 그러다 어느 날, 회의 후 한 직원이 조용히 다가와 말했다.

"선배님, 회의 전에 자료 주셔서 진짜 편했어요. 저는 아직 그런 습관이 없거든요."

또 어떤 날은 동료가 이렇게 말했다.

"말은 적으신데…… 믿음은 가요. 맡기면 끝까지 책임지시는 거 알거든요."

그 말을 듣는 순간, 나는 깨달았다. 문제는 철학이 아니라, 그것을 드러내는 방식이었다. 나는 내 방식대로 살아도 괜찮다는 용기를 다시 얻었다. 약속 시간보다 항상 10분 먼저 도착하는 습관, 회의 전에 자료를 정리해 보내는 성실함, 모호한 지시를 구체적인 목표로 바꾸는 질문들. 이 모든 건 누군가에겐 부담이었지만, 결국 누군가에겐 '신뢰의 근거'가 되었다.

그리고 그 순간부터, 나는 다시 '군인의 철학'을 나의 삶에 꺼내 놓기 시작했다. 더 이상 감추지 않고, 사회가 낯설어도, 나만의 방식으로 천천히 드러냈다.

"철학은 보여 주기 위한 것이 아니라, 말하지 않아도 드러나는 태도다."

군대에서의 철학은 극한 상황에서 만들어졌다. 한 치의 실수가 생명을 좌우할 수 있는 현장에서, 혼자 판단하고, 이끌고, 결정했던 시간들이 쌓여 나의 기준이 되었다. 그건 고집이 아니었다. 사람을 지키고, 책임지는 자리에 서 본 자만이 아는, 무게감 있는 기준이었다. 지금 나는 그 철학을 사회와 기업 속에서 다시 번역하고 있다. 전역 간부들에겐 말한다.
"당신의 방식이 틀린 게 아닙니다. 다만, 그걸 사회가 이해할 수 있도록 언어와 태도를 바꿔야 할 뿐입니다."
기업엔 이렇게 설명한다. "리더십은 목소리 큰 사람이 아니라, 끝까지 책임지는 사람 곁에서 자라납니다."
군인의 철학은 결코 경직된 것이 아니다. 그건 가장 실전적인 정신이고, 가장 복잡한 상황 속에서 통하는 판단력이며, 무너질 수 있는 순간에도 기준을 지켜 내는 리더의 자세다.
군복을 벗었지만, 나는 그 철학을 벗을 수 없다. 아니, 이제는 더 넓은 세상에서 그 철학을 살아 내야 한다. 군에서는 그것이 생존의 기준이었고, 이제는 그것이 신뢰의 기준이기 때문이다.

"흔들리지 않는 철학을 가진 사람은 결국 어디서든 중심이 된다."

그 철학은 말보다 깊고, 기준보다 단단하며, 지금도 나를 지탱하는 가장 중요한 힘이다.

❸
실전에서 얻은 리더십

 군대에서 리더십은 이론이 아니었다. 그건 '결과로 증명되는 생존의 기술'이자, 말이 아니라 행동으로 보여 줘야 하는 현실의 무게였다. 실전에서 부하들이 믿는 사람은, 목소리가 큰 상관이 아니라 가장 먼저 진흙 속에 발을 들이고, 문제가 생겼을 때 끝까지 자리를 지키는 사람이었다. 나 역시 그런 리더가 되기 위해 누구보다 먼저 현장을 돌았고, 모든 상황을 내 책임이라 여기며 판단하고 결정해 왔다.

 그렇게 쌓인 리더십은 단단했다. 하지만 민간 사회에 나와 처음으로 '리더십 교육'을 들었을 때는 어딘가 낯설고 어색했다. 열린 소통, 심리적 안전감, 수평적 리더십……. 군에서 쓰던 언어와는 전혀 달랐다. 처음엔 '나와는 맞지 않는 방식'이라 생각했다. 하지만 시간을 두고 보니 그들도 같은 걸 말하고 있었다. 다만 표현과 방식이 다를 뿐이었다.

"리더십의 본질은 시대와 환경이 달라도 같다. 사람을 신뢰하고, 방향을 제시하고, 책임지는 것."

나는 그 사실을 실전에서 배웠고, 사회에서는 그걸 새로운 언어로 전달하는 법을 익혀야 했다. 이제 나는 강의와 컨설팅 자리에서 말한다.

"리더십은 자리에 따라 주어지는 게 아니라, 위기에서 드러나는 태도입니다."

그리고 그 말을 증명해 온 지난 군 생활의 사례들을 나눈다. 야전에서 부하 하나하나의 성향을 파악해 적재적소에 배치했던 경험, 예상치 못한 훈련 중 사고에 침착하게 대처하며 전체를 지휘했던 순간, 아무도 나서지 않던 위험 지역 작업을 스스로 먼저 시도하며 신뢰를 쌓아 왔던 시간들.

그 모든 게 교과서엔 없는 리더십의 원형이었다. 나는 그것을 민간 조직에 맞춰 공감과 연결의 언어로 재정비하고 있다. 리더는 직함이 아니라 태도와 실천의 결과다. 특히 지금처럼 불확실성이 커지는 시대엔 위기 속에서 판단하고 실행하는 힘이 조직 전체를 살릴 수 있다.

나는 지금도 리더십을 배우고 있다. 군대는 나에게 실전을 통해 뿌리를 내려 줬고, 사회는 나에게 그 뿌리를 확장하고 나눌 수 있는 날개를 달아 주고 있다.

"좋은 리더는 위기에서 말하지 않는다. 묵묵히 행동하고, 가장 나중에 물러선다."

이제 그 태도를 나는 민간 사회에 맞게 설명할 수 있게 되었고, 그것이 또 다른 방식의 사명으로 이어지고 있다. 군복은 벗었지만, 실전에서 길러 낸 리더십은 지금도 내 안에서 살아 있고, 누군가에게 전해지는 중이다. 그리고 나는 오늘도 리더십이란 말을 다시 정의하며 새로운 전장 위에 선다.

❹
책을 쓰는 이유

한 권의 책이, 누군가에겐 이정표가 되기를. 처음 이 글을 쓰기 시작했을 때, 단 한 줄을 적는 데도 오래 걸렸다. 커서를 앞에 두고 수없이 망설였다.

'내 이야기가 과연 누군가에게 도움이 될까?'
'군 얘기, 전역 얘기⋯⋯ 누구도 관심 없지 않을까?'
'이건 그냥, 나만의 기억에 머물러야 하는 게 아닐까?'

이런 생각들이 며칠을 따라다녔다. 그리고 그 망설임의 끝에, 한 후배의 말이 떠올랐다.

전역을 앞두고 찾아온 후배는 조심스레 물었다.

"선배님, 그때 정말 힘드셨다고 했잖아요. 근데⋯⋯ 어떻게 버티셨어요? 도대체 뭘 붙잡고 살아 내신 거예요?"

그 질문 앞에서, 나는 아무 말도 할 수 없었다. 그때의 감정, 고립감, 막막함, 그리고 말 못 할 수치심과 자책들. 어떻게 말로 설명할 수 있을까. 그저, '그냥 견뎠다'는 말로는 너무 많은 것들이 생략되는 느낌이었다. 그 순간, 이런 생각이 들었다. 내가 그 시간을 겪을 때, 누군가 솔직하게 자신을 고백해 놓은 책 한 권만 있었어도 얼마나 좋았을까. 누군가 전역 이후 겪은 혼란, 실패, 자책, 그리고 어떻게 다시 일어섰는지를 보여줬다면

나는 덜 흔들리고, 덜 외로웠을 것이다.

그래서 나는 쓰기로 했다. 이건 자서전이 아니다. 성공담도, 특별한 감동 스토리도 아니다. 그저 버티고, 고민하고, 다시 일어선 어느 중년의, 한 사람의 기록이다. 그리고, 전역을 앞두거나 막 전역한 이들이 그 길목에서 조금이라도 위로받을 수 있다면, 그거면 충분하다는 마음으로.

"책은 나를 위한 고백이자, 누군가에게 건네는 조용한 지도다."

글을 쓰는 동안, 내 안에 켜켜이 쌓인 감정들이 하나씩 정리되었다. 애써 무시했던 슬픔, 속으로만 삼킨 자책, 가족에게 느낀 미안함, 그리고 오롯이 혼자였던 수많은 밤들.

그 모든 것들이 글로 옮겨질수록, 나는 스스로를 다시 만나고 있었다. 쓰면서 가장 많이 떠올린 건 다름 아닌 질문이었다.

"나는 왜 그렇게까지 버텼을까?"

"그 시간들이 지금 내게 어떤 의미로 남아 있을까?"

그리고······.

"이제 나는 누구로 살아가고 싶은가?"

쓰는 일은, 내게 있어 감정을 다잡는 일이었고, 삶을 스스로 해석해 나가는 치유의 과정이었다. 책을 쓰기로 마음먹은 건, 결코 내가 특별해서가 아니다. 오히려 너무 평범하고,

너무 흔들렸고, 그 흔들림 속에서도 끝내 멈추지 않았던 '누구나 될 수 있는 한 사람'의 기록을 남기고 싶었기 때문이다. 나는 이제 더 이상 군복을 입고 있지 않다. 하지만 지금은 또 다른 사명을 품고 살고 있다. 강의실에서, 글을 쓰는 자리에서, 전역자들과 나누는 작은 대화 속에서 나는 '펜을 든 리더'가 되어 누군가의 어깨를 조용히 두드리고 싶다.

"기록은 사라지는 순간을 붙잡고, 기억은 그 기록을 통해 누군가를 다시 걷게 만든다."

내가 남긴 문장이, 누군가의 새벽에 작은 위로가 될 수도 있다는 믿음. 그 한 문장을 보기 위해, 이 책을 쓰고 있다. 내 아이들이 훗날 이 글을 읽고, '아, 아빠는 그렇게 살아 냈구나' 하고 느끼게 된다면 그것만으로도 이 글의 의미는 충분하다. 누군가에게 이 책은 거울이 될 수 있다. "아, 나만 그런 게 아니구나." 누군가에겐 출발선이 될 수 있다.

"이제 나도 준비를 시작해야겠다." 또 누군가에겐 위로가 될 것이다. "나는 아직 늦지 않았다."

나는 지금 이 글을 쓰며, 누군가의 손을 조용히 잡아 주고 싶은

마음으로 한 문장, 한 문장 적고 있다. 그리고 오늘도 되뇐다.

"지나온 길을 쓰는 건 단순한 회상이 아니다. 그건 다음 사람을 위한 이정표다."

❺

기업과 사회를 잇는 다리

군복을 벗은 날, 나는 드디어 자유를 얻었다고 생각했다. 그러나 막상 사회로 한 발을 내디디자마자, 그 자유는 곧 막막함이 되었다. 말투도 다르고, 사고방식도 다르고, 문제를 바라보는 각도조차 달랐다. 아, 이건 문화 차이가 아니구나. 그냥 완전히 다른 세계에서 온 사람이 된 기분이었다. 처음엔 나 자신이 잘못된 줄 알았다. 내 방식이 구식이고, 융통성이 없고, 윗사람 말만 듣는 사람으로 보일까 걱정했다. 그래서 나를 지우기 시작했다.

"그땐 군대였으니까요."

"사회에선 다르게 해야죠."

그렇게 조심스럽게, 나는 나를 번역하기 시작했다. 하지만 시간이 지나면서 점점 보이기 시작했다. 군대와 사회의 사이엔 '단절'이 있는 게 아니었다. 단지, 연결이 잘 안 되어 있을 뿐이었다. 말이 통하지 않는 게 아니라, 해석하는 다리가 없었던 거다. 그래서 나는 그 다리가 되어 보기로 했다. 군에서 살아온 22년의 시간과, 사회에서 다시 배운 지난 9년의 경험을 이어서 서로가 서로를 이해하게 만드는 다리. 기업은 말한다.

"책임감 있고, 위기 상황에서 침착하며, 조직을 이끄는 사람을 원합니다."

웃음이 났다. 그게 바로 군 간부 아닌가. 하지만 정작 이력서에 "22년간 군 복무"라고 쓰면, 돌아오는 반응은 싸늘하다.

"너무 경직된 거 아닌가요?"

"조직 문화에 잘 녹아들 수 있을까요?"

한쪽은 원하고 있고, 다른 한쪽은 그걸 줄 수 있는데도 그 둘은 만나지 못한다. 가치를 가진 사람이 있지만, 그 가치를 써줄 곳과 연결되지 않으면 그건 그냥 '경력'이라는 이름으로 사라진다.

"쓸모없는 경험은 없다. 단지, 연결되지 못한 경험만 있을 뿐이다."

나는 지금 기업과 전역자 사이를 오가며, '해석가'가 되고 있다. 기업에게는 말한다.

"군 간부는 위기 앞에서 빠르게 판단하고, 실행하는 법을 몸으로 익힌 사람입니다."

"계획을 짜는 데 익숙하고, 보고 체계와 커뮤니케이션이 정리된 사람들입니다."

"경직됐다고요? 규율이란 이름으로 묶여 있었을 뿐, 유연성은 상황이 허락되지 않았던 겁니다."

그리고 전역자들에게는 이렇게 말한다. "'뭐든 할 수 있다'는 말은 가장 위험한 답변입니다. 자신이 잘하는 것을, 사회의 언어로 정확히 표현할 수 있어야 합니다."

"'지시를 잘 따릅니다'보다, '체계적인 보고와 실행에 강합니다'로 바꿔 보세요."

"'실행력'이라는 말을 써 보세요. 당신은 그 단어에 가장 어울리는 사람입니다."

이 역할은 쉽지 않다. 기업은 아직도 거리감을 두고, 전역자들도 자기 경험을 확신하지 못한다. 하지만 누군가는 해야 할 일이고, 그 누군가는 바로 이 길을 먼저 지나온 나여야 한다고 생각했다. 어느 날 한 기업 담당자가 내게 말했다.

"전역자 채용, 사실 반신반의했어요. 근데 지금은 저희 조직의 중심입니다. 왜 진작 이런 분들이 있는 줄 몰랐을까요?"

그 말을 들은 순간, 길을 연결하는 일은 결국 누군가의 삶을 바꾸는 일이라는 걸 실감했다. 사람을 바꾸는 게 아니라, 사람과 기회를 제대로 연결하는 것. 그게 진짜 변화다.

"다리는 그 자체로 목적이 아니다. 다리가 의미 있는 건, 사람과 사람, 경험과 기회를 오갈 수 있게 만들기 때문이다."

나는 지금도 그 다리 위를 걷는다. 한쪽 손에는 근에서 배운 경험을 들고, 다른 손에는 사회가 원하는 언어를 들고, 그 둘을 맞닿게 하기 위해 애쓰는 사람으로 살아가고 있다. 군복은 벗었지만, 이제는 가치와 사람을 잇는 사명으로 다시 걷고 있다.

  그리고 언젠가 이 다리가 단단해져서 뒤따라오는 누군가가 더 이상 겁내지 않고, 더 이상 좌절하지 않고, 자기 삶을 다시 시작할 수 있는 진짜 길이 되기를 바란다.

❻

AI 시대, 군 경력의 변환

"기계는 빠르지만, 책임은 인간의 몫이다."
"AI가 대체하지 못하는 역량이 뭘까요?"
전역 간부들을 위한 강연이나 컨설팅 현장에서 가장 자주 듣는 질문이다. 사람들은 요즘 두려워한다.
"내 자리가 사라지는 건 아닐까?"
"기계가 나보다 똑똑해진다면, 나는 뭘 해야 할까?"
그리고 가장 깊은 질문은 이것이다.
"내가 해 온 시간은 과연 의미가 있는 걸까?"
나는 그 질문 앞에서 늘 군 경력의 가치를 다시 꺼낸다.
"AI는 빠를 수 있습니다. 하지만 AI는 '책임'을 지지 않습니다."
우리가 군에서 해 온 수많은 결정, 작전, 조치, 판단은 그 하나하나가 누군가의 안전과 생명, 미래에 연결되어 있었다. 기계는 계산하지만, 우리는 판단했다. 데이터는 분석하지만, 우리는 결정했다. 그리고 그 결정엔 늘 무게가 따랐다. '누군가를 지킨다'는 책임의 무게.

AI 시대가 요구하는 것은 단순한 기술 숙련이 아니다. 진짜 중요한 건 '기계와 함께 일할 줄 아는 사람', 기계가 넘볼 수 없는 인간의 통찰력과 상황 판단력을 가진 사람이다. 사람의 감정은 수치화되지 않는다. 현장의 공기는 알고리즘에 담기지 않는다. 예측할 수 없는 상황에선 데이터보다 감각과 결단력이 먼저다. 그리고 우리는 그 수많은 상황을 견디며 배워왔다.

전역자들의 이야기를 들을 때마다 나는 느낀다. 그들은 '스킬'이 부족한 게 아니라, '언어'가 바뀐 세상에 적응 중이라는 걸. 사회는 지금 이야기할 수 있는 사람을 원한다. 단지 뭘 했는가가 아니라, 왜 했는지, 그 결과로 어떤 가치를 만들었는지를 설명할 수 있어야 한다.

"기계는 지시를 따른다. 하지만 사람은 '왜'를 묻는다."

그리고 우리는 그 '왜'를 끝없이 고민하며 살아온 사람들이다. AI 시대에 군 경력은 결코 구식이 아니다. 오히려 지금이야말로, 그 경험이 가장 빛날 때다. 비정형 문제 해결, 예측 불가한 위기 상황, 다양한 사람과의 협업과 갈등 조율, 이건 단순히 '일'이 아니라 '살아 있는 리더십'이다. 그리고 우리는 그 현장에서 실전으로 훈련된 사람들이다.

나는 지금도 전역 간부들에게 말한다.

"당신의 경력은 사라진 게 아닙니다. 다만, 지금은 그 가치를 '번역'해야 할 시기입니다."

부대에서의 리더십은 이제 '조직 문화 전문가'로, 작전 통솔력은 '위기 대응 전문가'로, 현장 판단력은 '리스크 매니지먼트'로 바꿔 말해야 한다.

그건 포장이 아니라, 본질을 꺼내 보이는 일이다. 당신이 했던 수많은 선택은 지금도 어디선가 필요한 역량이다. 한 간부가 내게 말했다.

"선배님, 이젠 기술도 부족하고, 나이도 애매하고…… 불안합니다."

나는 조용히 답했다.

"그 불안은 당신이 아직도 책임을 느끼는 사람이라는 증거예요. 기계는 그런 불안을 느끼지 못해요. 그래서 당신이 필요해요."

"AI는 방향을 제시할 수 없습니다. 하지만 당신은 결정할 줄 아는 사람입니다."

이 시대가 정말로 필요한 건 더 빠른 알고리즘이 아니라, 무거운 결정 앞에서 주저하지 않는 사람, 그 결정을 책임질 줄 아는 사람이다. 그게 바로 우리 군 경력자들이 가진, AI 시대에도 유효한 진짜 경쟁력이다. 그래서 나는 이 글을 쓰며 말하고 싶다. 군 경력은 과거의 훈장이 아니라, 미래를 열 수 있는 도구라고. 다만 지금 필요한 건, 그 도구를 들고 다시 걷는 용기뿐이다. 기지보다 빠를 수는 없지만, 기계와 함께 움직일 수 있는 사람. 그 사람이 조직의 중심이 될 것이다. 그리고 그 중심엔, 당신의 묵직한 경험이 자리 잡고 있을 것이다.

❼
나는 소령이었다

 가끔 누군가와 처음 인사를 나누며, 속으로 이런 생각을 한다.
 '내가 소령이었다는 걸 알면, 이 사람은 어떤 눈으로 나를 볼까?'
 어느 순간부터 '군인 출신'이라는 정체성은 설명이 필요한 이력이 되었다. 특히 '소령'이라는 계급은, 듣는 사람에 따라 무겁게 다가오기도, 애매하게 받아들여지기도 한다. 누군가는 말한다. "중간 간부셨네요." 하지만 나는 그 '중간'이 어떤 의미였는지를 누구보다 잘 안다.
 소령은 조직에서 가장 앞에서 뛰는 리더였다. 전략을 설계하는 장군도 아니고, 직접 뛰는 병사도 아니지만, 상위의 지시와 하위의 실행을 이어 주는 핵심 연결자. 그리고 실전의 복판에서 판단과 결정을 책임지는 사람. 그 자리가 소령이었다.
 소령은 늘 균형을 고민하는 자리였다. 지시와 현장 사이에서 조율해야 했고, 결과와 과정 사이의 줄을 타야 했다. 윗사람에게는 수치와 성과로 말해야 했고, 아랫사람에게는 말보다 '태도'로 이끌어야 했다. 하나의 판단이 조직의 분위기를 바꾸고, 하나의 말실수가 사람의 사기를 무너뜨릴 수 있는 자리가 바로 그 중간 리더였다.

그 책임은 때로는 육체보다 정신을 더 지치게 했고, 회식 자리의 한마디, 비상시의 한 결정, 상황판 하나를 보는 시각 차이까지 모두 리더의 몫이 되었다. 그래서 나는 안다. 소령이라는 계급은 단순한 '직급'이 아니었다. 그건 내가 어떤 태도로 살아왔는지를 증명하는 문장이었다.

전역하고 사회에 나왔을 때, 나는 오랫동안 그 무게를 나 혼자 간직하고 있었다. "예전엔 뭐 하셨어요?"라는 질문에 나는 습관처럼 이렇게 말했다. "그냥 군인이었습니다."

'그냥'이라는 말 뒤에 숨어, 내가 걸어온 시간과 책임, 선택과 고뇌를 스스로 지우고 있었다. 그리고 나중에서야 알게 됐다. 그 말은 내가 나를 잊게 만드는 위험한 회피였다는 걸.

나는 '사람을 다루는 일'이 얼마나 복잡한지 안다. 지시는 쉽지만, 신뢰는 어렵다. 권한은 줄 수 있어도, 신뢰는 보여 줘야 쌓이는 것이라는 걸, '소령'의 시간을 통해 몸으로 배웠.

명령보다 공감, 제재보다 기다림, 결과보다 '과정에서의 자세'. 이 모든 건 훈련장에서 배운 게 아니었다. 매일의 관계, 매 순간의 리더십을 통해 쌓은 실전의 인간 관리였다.

지금 나는 더 이상 군대에 있지 않다. 하지만 나는 여전히 그 마음으로 일하고, 사람을 대하고, 관계를 맺는다. 기업의 리더를 만나고, 전역자를 돕고, 조직의 갈등을 중재할 때, 나는 스스로에게 묻는다.

"너는 지금도 소령처럼 행동하고 있나?"

그 질문은 나의 기준이 되고, 지금도 나를 흔들리지 않게 붙잡아 주는 중심이다.

"직책은 바뀌어도, 태도는 남는다."

이제 나는 명령을 내리지 않는다. 대신 방향을 제시하고, 질문을 던지고, 함께 답을 찾는다. 군에서 배운 태도는 민간에서 리더십과 조직 문화로 연결된다. 그리고 그것은 AI 시대, 자동화된 조직에서는 오히려 더 필요한 자산이다. 왜냐하면, 리더십은 결국 '사람'으로 연결되는 일이기 때문이다.

"나는 소령이었다."

이 말은 더 이상 내 과거를 말하는 문장이 아니다. 그건 내가 지금도 어떤 기준으로 살아가고 있는지를 보여 주는 현재형의 정체성이다. 나는 더 이상 군복을 입지 않는다. 하지만 군복 속에 담겼던 사명감, 관계를 대하는 태도, 결정 앞에서의 무게감은 지금도 나의 삶 속에 깊이 남아 있다. 나는 그 말의 무게를 알고 있다. 그래서 감히 말할 수 있다.

그리고 지금도 그 마음으로 세상과 사람을 마주하고 있다. 이 글은 '소령'이라는 단어가 단순한 계급이 아니라, 한 인간의 삶의 무게, 그리고 그것을 넘어서는 신념임을 보여 주기 위한 기록이다. 그리고 누군가가 이 글을 읽으며 '나의 시간도 헛되지 않았구나.' 하고 조금은 덜 흔들리고, 조금은 더 당당해졌으면 한다.

❽
끝나지 않은 책임, 계속되는 길

전역하던 날, 낡은 군복을 개켜 가방에 넣으며 나는 문득 이런 생각을 했다.

"이제 정말 끝났구나."

22년.
훈련소의 첫 겨울부터 시작해 수많은 작전과 점검, 리더십과 통솔, 갈등과 책임의 연속이었던 날들. 한 번의 실수가 조직 전체를 흔들 수 있었기에 언제나 긴장의 끈을 놓을 수 없었다. 그런 시간들이 이제 끝났다는 안도감과 함께, 머리 한쪽에서 작은 허전함이 스며들고 있었다.

그때는 몰랐다. 끝난 건 군 복무였지만, 책임은 끝나지 않았다는 걸. 군인이라는 직함은 내려놨지만, 그 안에서 익힌 태도와 기준은 오히려 전역 후 더 선명해지기 시작했다. 군대에서 배운 책임감은 단순한 규율이나 임무 완수가 아니었다. 그건 사람을 지키는 일이었고, 상황을 책임지는 태도였다. 위에서 떨어지는 명령을 단순히 전달하는 게 아니라, 그 명령이 가진 의미와 영향력을 해석하고, 실제 결과로 연결하는 과정까지를 스스로 감당해야 했던 무게였다.

그 무게는 계급장을 떼고 나서도 사라지지 않았다. 전역 후 만나는 낯선 후배들, 강의장에 앉은 불안한 전직 군 간부들, 조용히 말을 건네는 가족과 친구들. 그들의 눈빛과 질문 하나하나가 내 안의 책임을 다시 깨운다.

"선배님, 전역하고 가장 힘들었던 순간은 언제였나요?"

"군 경력, 정말 사회에서 통할 수 있을까요?"

"내가 잘 버틸 수 있을지 솔직히 자신이 없어요."

이런 질문을 받을 때마다 나는 마음속으로 고개를 끄덕인다. 나 역시 그런 혼란 속에 있었으니까. 군에서의 책임이 '위로부터 부여된 의무'였다면, 이제의 책임은 '내가 스스로 선택한 사명'이다. 누군가 시켜서가 아니라, '내가 아니면 안 될 것 같은 일', 그런 마음이 내게 이 책임을 붙들게 한다.

그래서 나는 다시 이 길을 걷고 있다. 사람들의 이야기를 듣고, 그들의 고민을 함께 정리하고, 군에서 쌓은 경험이 사회 속에서도 살아 숨 쉴 수 있도록 연결의 언어로 번역하고 있다. 군대식 표현으론 '지휘'도, '명령'도 없지만 지금은 귀 기울이는 것으로 사람을 이끄는 방식의 리더십이 되었다.

어느 날, 한 전역 간부가 조심스레 말했다.

"선배님 덕분에…… 겁이 조금 덜 나요."

그 한마디가 내게 큰 울림이 되었다. 예전 군 시절 수많은 표창이나 성과보다 더 진한 울림. 누군가의 불안을 덜어 주는 일. 그게 지금의 내 사명이고, 앞으로도 이어 갈 내 역할이라는 걸 그때 확신했다.

전역은 끝이 아니었다. 형태만 바뀌었을 뿐, 이 길은 여전히 이어지고 있었다. 내가 걸었던 발자국이 누군가에게는 방향이 되고, 내가 넘었던 돌부리가 누군가에겐 미리 피할 수 있는 힌트가 되기를 바란다. 그리고 지금의 내가 누군가의 '다음'을 더 단단히 준비할 수 있게 돕는 다리였으면 한다. 책임은 끝나지 않는다. 단지, 그 무게를 받아들이는 방식이 달라졌을 뿐이다.

나는 군인이었고, 지금은 전직 간부로서 또 다른 현장에서 살아간다. 앞으로 어떤 이름으로 불리든, 그 중심에는 항상 '책임진다'는 태도가 자리할 것이다. 사람은 결국 자신이 감당한 책임의 깊이만큼 단단해진다. 그리고 그 단단함은 나만을 위한 것이 아니라, 내 곁의 누군가가 흔들릴 때 버팀목이 되어줄 수 있는 힘이 된다.

그래서 나는 지금도 걷는다. 끝나지 않은 책임을 안고, 계속되는 길의 앞에서, 묵묵히. 누구보다 먼저 걷고, 가끔은 멈춰 서서 뒤를 돌아보며, 뒤따라오는 누군가에게 이렇게 말하고 싶다.

"괜찮다. 나도 그 길을 걸었다. 당신도 해낼 수 있다."

그 말을 전하기 위해, 나는 오늘도 다시 이 길에 오른다.

에필로그

이제는 길을 만드는 사람이 되고 싶다

나는 소령으로 전역했다. 그 말 한 줄 속에는 숫자로는 담을 수 없는 무게가 있다. 수천 번의 결재, 수만 번의 판단, 눈에 보이지 않는 책임과 매일을 온몸으로 버텨 낸 시간. 그리고 무엇보다, '끝'처럼 보였지만 사실은 '시작'이었던 인생의 전환점이 들어 있다.

군복을 벗는 일은 단순히 제복을 벗는 게 아니다. 그건 정체성 하나를 내려놓고, 새로운 삶의 언어를 익히는 일이다. 나 역시 처음엔 혼란스러웠다. 낯선 사회 속에서 나의 이력은 때때로 설명되지 않았고, 나의 경력은 현실과 '접속 오류'처럼 어긋나기도 했다. 하지만 시간이 지나며 분명해졌다. 전역은 벗어남이 아니라, 다시 들어섬이었다. 익숙한 세계를 떠나, 진짜 나를 증명해야 하는 새로운 무대에 스스로를 던진 순간이었다.

이 책을 쓰며 나는 오랜 시간을 되짚었다. 기억은 선명하지 않았고, 감정은 다시 뜨거워졌으며, 무엇보다 "왜 이 이야기를 써야 할까?"라는 질문 앞에서 오래 머물렀다.

그리고 마침내 도착한 답은 하나였다. 내가 걸었던 길이 누군가에게는 조금 덜 험한 길이 되기를 바라는 마음. 누군가에게는 이 글이 지침서가 되길, 누군가에게는 위로가 되길, 그리고 누군가에게는 "나만 그런 게 아니구나." 하는 안도의 숨이 되길 바랐다.

전역은 누구에게나 어렵다. 그 어떤 준비를 해도, 막상 현실 앞에 서면 불확실성과 두려움은 그림자처럼 따라온다. 하지만 나는 믿는다. 불안은 실패가 아니라 전환의 예고다. 그 시간을 어떻게 바라보느냐에 따라, 그 이후의 삶은 전혀 다른 궤도를 갖게 된다.

나는 내가 군에서 보낸 시간을 후회하지 않는다. 그 안에는 고립된 고민도 있었고, 외면당한 시도도 있었으며, 스스로를 탓하고, 견뎌내야 했던 수많은 밤들이 있었다. 하지만 그 시간들이 있었기에, 지금 나는 타인의 불안에 손을 내밀 수 있는 사람이 되었다.

이제 나는 더 이상 길을 묻는 사람이 아니다. 길을 만드는 사람이 되고 싶다. 누군가 길을 잃었다 느낄 때, "여기도 걸어 본 사람이 있다."라고 말해 줄 수 있는 존재. 내가 먼저 넘어졌던 돌부리를 치워 두고, 당신이 같은 아픔을 겪지 않도록 발판 하나쯤 놓아주는 사람이 되고 싶다.

그리고 무엇보다, 이 말을 꼭 전하고 싶다.

"당신은 혼자가 아니다."

어쩌면 그 말을 나 자신이 가장 간절히 듣고 싶었는지도 모른다. 혼자가 아니라는 사실. 누군가 같은 어둠 속에서, 같은 불안을 지나왔고, 지금 이 자리에 있다는 걸 아는 것만으로 우리는 다시 '다시 살아갈 힘'을 얻는다.

전역 후 내 삶은 다시 시작되었다. 강의장을 찾는 전직 간부들과 눈을 마주치며, SNS 메시지로 날아오는 질문에 성심껏 답하며, 나는 매일같이 깨닫는다. 책임은 계급으로부터 오는 것이 아니라, 선택으로부터 시작된다는 것. 사명은 명령이 아니라, 내가 붙든 신념에서 자란다는 것.

그렇기에 지금의 나는 예전보다 더 '군인답게' 살아가고 있다. 그 말은, 누군가의 옆을 지키며, 어깨를 가볍게 해 주며, 그리고 혼자가 아님을 느끼게 하는 것이다. 나는 이 책이 이정표가 되기를 바란다. 환한 가로등은 아니어도, 당신의 길 어귀에 놓인 작은 등불 하나쯤은 되기를. 그래서 당신이 다음 발걸음을 내딛을 때, 조금은 덜 외롭고, 덜 두려우면 한다.

길이 없다고 두려워하지 마라. 누군가는 먼저 걸으며 길이 되었고, 당신 또한 그렇게 누군가의 길이 될 것이다.

그것이 내가 이 책을 쓴 이유이자, 전역 이후에도 계속 길을 걷는 이유다.